未成年人违法犯罪处置措施研究

赵志宏 著

群 众 出 版 社
·北 京·

目　录

序

本书是我主持的北京市教委社科项目“未成年人违法犯罪处置措施研究”之结题成果。

未成年人犯罪，是当今世界性的一大严重社会问题。犯罪是各个国家各个历史时期都普遍存在的社会现象，是社会的一面特殊镜子，能从反面反映某一社会人们的文化、道德素养以及精神面貌，暴露社会某些方面的弊病与问题。可以说，未成年人的文化素养、道德水平等情况，不仅是一个国家文明程度的重要标志，而且未成年人的状况，对于某一国家、社会乃至世界的未来都有着极其重要的影响。如何保护未成年人健康成长，预防和减少未成年人犯罪，是我们所要面临的大事。同时，对于已经违法犯罪的未成年人如何处置以有利于更有效地对其进行教育和改造，也是我们要面临的大事。因此，根据未成年人特殊的身体和心理特征，有效地处理、遏制、预防未成年人违法犯罪，是各国政府孜孜以求的目标。我国有必要建立形式多样、轻重有序、逐级递进的处置未成年人违法犯罪的方法体系。

本书的主要内容是，秉承对未成年人根据其特点进行特殊保护的理念，对我国未成年人违法犯罪处置措施的立法和司法现状进行检视和总结，并且系统地介绍国外对未成年人违法犯罪的处罚理念和相关措施，从而对我国未成年人违法犯罪的各项处置制度提出完善性建议。

限于时间和精力，尤其是研究水平，书中定有疏漏与不周之处，尚请各位专家、读者不吝指正。

赵志宏
2011 年 4 月

第一章 未成年人违法犯罪概述

第一节 未成年人违法犯罪相关概念界定

一、未成年人的界定

在中国，“未成年人”既是非常晚近出现又是使用频率很高的概念。在法律范围之内，必须以自然年龄来界定、区分成年人和未成年人，以明确承担相关法律责任的不可随意解释和变更的年龄界线。国际法中的《儿童权利公约》确定 18 岁以下为儿童。《中华人民共和国未成年人保护法》第二条规定：“本法所称未成年人是指未满十八周岁的公民。”据此，在我国，法律规定以 18 周岁作为成年人与未成年人的分界线，不满 18 周岁的人为未成年人。从国际上的有关规定看，通常将 18 岁以下者视为儿童或未成年人。这就意味着法律规定：（1）年满 18 周岁已经是成年人，18 周岁以下即为未成年人；（2）不论个体之间具有何种知性和德性等方面的差异，只要已经年满 18 周岁，亦即只要在法律意义上已经成年，那么在承担法律责任上，任何人（法律明文规定不能承担法律责任的除外）都不能例外，亦即不能区别对待，这就是最基本的法律正义；（3）未成年人正因为未满 18 周岁，亦即尚未成年，因此可以不承担法律责任或相应地减免法律责任。总之，只要法律一旦确定了一个自然年龄界线，在不同国家中对这一年龄界线是如何规定的，成年人与未成年人的年龄分界就具有了法律效力，对这一年龄界线，任何人和任何组织都不能随意解释，更不能在实际操作中随意打破。

迄今为止，虽然对于“成年人”基本不存在可替代的概念，但对于“未成年人”则存在大量可替代或交叉性的概念，如“儿童”、“少年”、“青少年”、“年轻人”等。它们与“未成年人”是否可以相互替代？可以肯定地说，这些概念与“未成年人”不是同一个概念，不能相互替代；但也不是完全没有关系，在各种著述中常常被通用，因而又是可以相互替代或交叉使用的。本书后文出现的少年也是此意，只是表达方式不同。

二、未成年人违法的界定

违法行为从广义上讲指的是一切违反法律的行为，包括违反刑法、行政法、民法等相关法律的行为；从狭义上讲，指的是违反行政法律的行为。由于本书对违反刑法的犯罪行为有专门论述，以及违反民法等相关法律的责任不是由国家追究，所以本书的违法采取的是狭义说，即专指违反行政法律的行为。

三、未成年人犯罪的界定

我国《刑法》第十三条规定：“一切危害国家主权、领土完整和安全，分裂国家、颠覆人民民主专政的政权和推翻社会主义制度，破坏社会秩序和经济秩序，侵犯国有财产或者劳动群众集体所有的财产，侵犯公民私人所有的财产，侵犯公民的人身权利、民主权利和其他权利，以及其他危害社会的行为，依照法律应当受刑罚处罚的，都是犯罪，但是情节显著轻微危害不大的，不认为是犯罪。”根据该规定，我国的未成年人犯罪也应当具备严重的社会危害性、刑事违法性和应受刑事制裁性三个基本特征。未成年人犯罪，是指未成年人实施一切违反刑事法律的行为，其中不仅包括违反刑法典，还包括违反全国人大常委会颁布的特别刑事法规对刑法的修改补充决定，以及行政、经济法规中的刑事责任条款等。

第二节　未成年人违法犯罪的特点

一、未成年人的特点

未成年人与成年人的差别首先是生理差别。国家根据医学和心理学对脑成熟程度的界定，用法律来划界。人的生物性为先，对这种存在的规范界定在后，因此法律从制定到实施都不能违背这一铁律。这一差别决定了成年人与未成年人二者在生理心理特征、行为选择以及法律处遇上的其他所有差别。①

（一）未成年人的生理特点

1．形态发育

未成年人的形态发育主要体现在身高和体重迅速增长上。身高、体重增长速度的高峰一般在 12 ~ 14 岁。在这一阶段，未成年人生理变化最突出的特点就是青春期性机能的迅速发展并趋于成熟。第二性征开始出现，男女两性在身体上表现出明显的差异。

2．内分泌变化

青春期是未成年人必经的生长时期。青春期的发育受到一系

① 皮艺军：《中国少年司法理念与实践的对接》，载《青少年犯罪问题》2010 年第 6 期。

列的内分泌的变化影响。青春期的到来其实就是由于丘脑促性腺释放因子分泌量的增加。由于各种激素的分泌和作用，引起未成年人身体上的发育和性发育。

3. 机能发育

在青春期之前，人脑的重量和容积已相当于成年人的95%，所以到了青春期，人脑的重量和容积增加是有限的，主要是皮层细胞的机能在飞速发育。男女两性在青春期的肺活量、血压和脉搏方面都显示出不同。肌肉的增长以15～18岁为最快，肌肉的力量在这一阶段也随年龄的增长而增长。握力在这段时间增长最快，弹跳力在10～12岁阶段增长最快，臂力在12～15岁阶段增长最快。青春期时，在这几种肌肉力量的增长上男性明显高于女性。

4. 运动能力的发展

未成年人的运动能力在青春期明显增强。运动能力主要体现在体力、爆发力、持久力以及敏捷性、柔韧性、平衡性等方面。通常这一阶段的男性在体力、持久力、爆发力上要高于女性，而女性的柔韧性和平衡性高于男性。

（二）未成年人的心理特点

未成年人心理特征在少年期、青年初期变化最大。少年期、青年初期的未成年人发育的基本特征具有矛盾动荡性。绝大部分少年罪错行为是限于青春期的，也就是说，只要未成年犯罪人能挺过这个阶段，他们未来的生活机会没有被终结，那么他们就完全有望发展成为一个有益于社会的公民（至少不是罪犯）。[①] 如果对未成年犯罪人实施正确的教育和影响，会有助于他们健康成

---

① ［美］玛格丽特·K. 罗森海姆等编：《少年司法的一个世纪》，高维俭译，商务印书馆2008年版，第152页。

长；反之，则容易误入歧途，甚至走上犯罪的道路。

1. 自我认识的意识增强

自我认识，是指对自己与周围人关系的一种理性认识，包括自我评价、自我体验、自我观察、自我监督、自我控制等。儿童时期，未成年人未曾对自己进行过独立思考，但是一进入少年时期，便产生了了解自己特点的需要，产生了对自己以及自己感兴趣的问题的思考，表现出少年时期孩子的突出特点。这种独立的意识是随着年龄的增长、身体的发育、生理的变化、智力的增长和发展而产生与发展的。在这个特殊的时期，未成年人表现出的明显特点就是独立意识越来越强，凡事只想靠自己，不想依靠别人，不想受人左右以及制约，一切按照自己的想法、兴趣和爱好行事。

2. 情绪和情感表现突出

未成年人在这一时期的情感丰富，动荡较大。未成年人在青少年时期充满激情，对未来有着强烈的憧憬和追求；对国家有着极大的爱国情怀；对友情和爱情的要求也更为强烈。总体来说，处于这一时期的未成年人热情、激情胜于理智，很难控制自己的情绪，自控力差，容易冲动。可以说，他们这一时期的情绪易变、不稳定，而且情感较为复杂和隐含，内心世界日益丰富；意志品质没有完全定型，需要在实践中锻炼和磨炼。

3. 人际关系出现微妙变化

到了青春期，未成年人开始逐渐地独立，也逐渐脱离了对父母的依赖，两代人的矛盾和冲突也日益明显起来，与父母出现“代沟”。在交友上，对友谊迫切渴望，开始形成自己的交友圈，容易意气用事，以及一种受团体中其他人尊重的需要，并且这种需要在心目中占有一定的地位，达到感情上的相互依存。未成年人的这种需要其实是一种归属的需要，使他们在团体中获得满足感和安全感。

二、我国未成年人犯罪的基本情况

未成年人犯罪在世界范围内已被列为吸毒贩毒、环境污染之后的第三大公害。根据最高人民法院研究室统计工作办公室的数据显示，2004～2008 年，人民法院判处的未成年人罪犯数量分别为 2004 年 70086 人、2005 年 82692 人、2006 年 83697 人、2007 年 87506 人、2008 年 88891 人。未成年人犯罪数量总体呈上升趋势，2004～2008 年，人民法院判处未成年人罪犯的年平均增长率为 6.12%；每年的同比增长率分别为 19.05%、17.99%、1.22%、4.55% 和 1.85%，增长幅度总体呈下降趋势，期间稍有起伏，2007 年小幅上升。2004～2008 年，人民法院判处的未成年人罪犯的数量占全部罪犯的 9.31%。[①]

三、未成年犯罪人的特殊性

在国际上，目前各国的刑罚理论和司法实践对未成年人犯罪的刑罚价值取向是非常一致的，即以预防为主、以轻缓为导向，这是由特殊的犯罪主体——未成年人的特点决定的。

第一，未成年犯罪人生理、心理发育不成熟，世界观、人生观还未形成，社会经验不足，辨别是非的能力较差，自制力低。

犯罪是具备辨别和控制自己行为的能力者在其主观意志和意识支配下实施的危害社会的行为，没有该能力就不可能有犯罪的故意与过失，当然就不对犯罪行为承担刑事责任。未成年犯罪人的辨别和控制能力低，其主观罪过性就较小，社会危害性也轻。

① 佟季、马剑：《五年来人民法院审理未成年人犯罪案件情况分析》，载沈德咏主编：《中国少年司法》（总第 1 辑），人民法院出版社 2009 年版，第 193 页。

因此，对未成年犯罪人应科处比成年人更轻的刑罚。

第二，未成年犯罪人尚处于成长时期，具有相当大的可塑性，易于接受教育、感化，改造难度小，重归正途的机会大，再犯罪的可能性小。

刑罚虽具有积极功能，但拘束自由、剥夺财产乃至生命本身是消极的。相对成年人来说，未成年人对刑罚这种最严厉的处罚措施的承受力较弱，刑罚的副作用更大一些。未成年犯罪人正处于接受正常的学校、家庭与社会教育的时期，对他们科处刑罚施以自由刑，在监狱易受到不良习气的熏染，导致人格异常，也对未来生活产生极其不利的影响。他们的人生之路还很长，仅以惩罚为目的而科以刑罚，不为他们将来在社会立足考虑，那他们在接受完刑罚后，常常还很年轻，仍处于高犯罪年龄段，如果难以适应社会，则极易重新犯罪。因而，适用不当的刑罚不仅难以收到明显的积极效果，而且有悖刑罚目的。

第三，未成年人犯罪有个人主观的原因，但更是社会上各种消极因素、不良影响、制度缺陷、恶劣环境等综合作用的结果。

正是基于上述考虑，国际社会在未成年人犯罪刑罚价值取向上几乎采取了一致的做法：大大弱化刑罚的报应观念，以特殊预防中的教育刑论为基本理念，重视刑罚的个别化和保安处分、不定期刑的适用，以轻缓的刑罚或多种非刑罚方法来处理未成年人犯罪。

四、我国未成年人犯罪的特征

未成年人犯罪作为一种社会现象，与成年人犯罪相比有着很大的不同，这是由未成年人特殊的身心结构决定的。根据最高人民法院研究室统计工作办公室对人民法院 2004 ~ 2008 年以来判处的未成年罪犯的数据显示，[①] 近年来我国未成年人犯罪具有下列特征：

第一，从犯罪人员构成上，存在文化程度低、农民和无业人员多、男多女少以及年龄多集中在16～17周岁等特点。

从年龄上看，16～17周岁未成年人罪犯的比例较高，已占到全部未成年人罪犯的88.26%。从性别上看，男性未成年人罪犯远高于女性，占到全部未成年人犯罪的97.53%。从文化程度来看，具有初中文化的未成年人罪犯比例最高，占到全部未成年人犯罪的65.62%。

第二，在犯罪的类型方面，涉案类型集中，侵财犯罪占主体，其中盗窃、抢劫所占比例较大。

近年来，我国未成年人犯罪按照所侵犯的客体不同，主要涉及五大类犯罪：一是危害公共安全犯罪，二是破坏市场经济秩序犯罪，三是侵犯公民人身权利犯罪，四是侵犯财产犯罪，五是妨害社会管理秩序犯罪。其中，未成年人侵犯财产罪所占比例最大，达70.65%；其次是侵犯公民人身权利罪，达14.98%。

未成年人犯罪所涉罪名不断增加。2008年，未成年人犯罪所涉罪名134个，比2003年的120个上升11.67%，比1998年的98个上升36.73%。

从未成年人犯罪涉及罪名的分布上来看，未成年人犯罪较为常见的罪名有抢劫、盗窃、故意伤害、寻衅滋事、强奸、聚众斗殴，其中盗窃、抢劫最为突出，二者合计比例达到69.56%。由于处于青春期的未成年人具有情绪不稳定、青春期提前导致的生

① 佟季、马剑：《五年来人民法院审理未成年人犯罪案件情况分析》，载沈德咏主编：《中国少年司法》（总第1辑），人民法院出版社2009年版，第194～198页。

理早熟的特点，受到具有暴力倾向的文化产品泛滥以及教育方式的不当等诸多因素的影响，暴力成为未成年人犯罪的主要手段，涉及暴力因素的未成年人犯罪比例很高，达到57.41%。

从案件情况分析，盗窃犯罪的主要目标是疏于防范的商店、学校、消费场所，抢劫的主要对象是中小学生、妇女和同龄人。

第三，从所处刑罚上看，轻刑犯罪所占比重较大，刑罚适用较轻缓。

在所处刑罚中，五年以下有期徒刑所占比例最大，占47.05%，判处非监禁刑和免刑的比例分别为31.99%和1.71%，被判处五年以上有期徒刑的比例为10.15%，明显低于一般刑事案件的重刑率。

第四，在作案形式上，共同犯罪、结伙作案占有一定比例。

在未成年人犯罪中，2004~2008年未成年人团伙犯罪人数占未成年人犯罪人数的25.49%，团伙犯罪案件数量呈上升趋势。一些有不良倾向、爱好的未成年人由于性格脾气相投、无所事事，极易结伙作案。尤应注意的是，有些未成年人团伙犯罪开始表现出一定的组织性和严密性，出现了向黑社会性质组织演变的趋势。

第二章　未成年人行政处罚措施

第一节　未成年人不良行为概述

未成年人一旦沾染了不良行为习惯，随着年龄的增长，不良行为的性质会逐渐恶化，最终酿成违法犯罪。因此，对于未成年人犯罪应当着眼于未雨绸缪，预防于犯罪行为发生之前。少年司法制度自诞生之初就对这一点给予了关注。欧洲大陆刑事原型少年司法制度的主要特色之一就是发展出了有悖于罪刑法定原则的“虞犯”概念，把有犯罪之虞的少年纳入少年审判机构的管辖范围，对他们施以保护处分，以阻止这些少年进一步向犯罪的方向发展。英美法系福利原型少年司法制度中的少年犯罪（juvenile delinquency）类型中的“身份犯罪”（status offence）实际相当于欧洲大陆法系国家的“虞犯”，也带有预防少年发生更严重犯罪行为的性质。① 我国并无“虞犯”和“身份犯罪”这些概念，但是也对有犯罪倾向、犯罪之虞的未成年人规定了相应的处置措施。我国的法律制度将触犯法律的行为分为两个层次，一是违法层次，由行政法调整规范；二是犯罪层次，由刑法加以规范

① 姚建龙著：《长大成人：少年司法制度的建构》，中国人民公安大学出版社2003年版，第123页。

调整。

我国现有立法中，《预防未成年人犯罪法》、《治安管理处罚法》、《公安机关办理劳动教养案件规定》等行政性法律规范中有关于未成年人不良行为及其处置的规定。

我国《预防未成年人犯罪法》第一次明确提出和界定了未成年人不良行为这一概念，以区别于未成年人刑事犯罪行为。不良行为的范围包括两种，即严重违背社会公德的一般不良行为和具有严重社会危害性但尚不够刑事犯罪的严重不良行为。《预防未成年人犯罪法》所提出的“不良行为”这一概念实际上涵盖了国外“虞犯”、“身份犯罪”和部分未成年人刑事犯罪行为。因此，我国主要是依靠社会力量和非司法措施应对有犯罪之虞的未成年人，未成年人不良行为不进入司法程序。

一、未成年人不良行为

未成年人不良行为，是指容易引发未成年人犯罪，严重违背社会公德，尚不够刑事处罚的行为。未成年人的不良行为不仅会造成物质方面的损失，而且会妨害社会主义精神文明建设，如果不及时矫正，往往会祸及一生。未成年人的不良行为是违法犯罪的前提和基础，这种不良行为不仅具有现实的危害性，而且有更为严重的潜在危险。未成年人不良行为分一般不良行为和严重不良行为两种。

（一）未成年人的一般不良行为

一般不良行为，是指违反社会生活、学习和劳动纪律等公共道德规范的行为，是违反一般生活准则的行为。《预防未成年人犯罪法》规定，未成年人的下列行为属于不良行为：

1. 旷课、夜不归宿

旷课，是指学生无故不请假而缺课。旷课是每个学校都不允许的违反校纪的行为。夜不归宿，是指未成年人未经其父母或者其他监护人的同意，脱离监护，夜不归家的行为。夜不归宿一方面使得未成年人容易成为堕落者；另一方面则因未成年人势单力薄，容易成为伤害、抢劫等违法活动的受害者。

2．携带管制刀具

未成年人携带管制刀具可能伤害别人，也可能被伤害，容易导致违法犯罪活动的发生。未成年人的父母或者其他监护者和学校应当教育未成年人不得携带管制刀具，一旦发现，应当予以没收，交公安机关处理。管制刀具的范围包括匕首、三棱刀（包括机械加工用的三棱刮刀）、带有自动装置的弹簧刀（跳刀）以及其他类似的单刃、双刃、三棱刮刀。只有法律规定允许的人员才能持有上述刀具。

3．打架斗殴、辱骂他人

未成年人有较强的好胜心理，尤其是男性未成年人，往往通过打架斗殴、辱骂他人来获得一种快感和成功的感觉。打架斗殴、辱骂他人会对是非辨别能力不强的未成年人产生极大的诱惑性和腐蚀性，而其他的未成年人为了不受有不良行为的未成年人的“欺负”，也往往加入打架斗殴的行列，进而发展成为一个小群体。通过这个群体，每一个群体中的未成年人有了一种安全感。同时，他们又会依靠这个小团体大胆地实施其他的不良行为，这种欲望的膨胀往往使他们走上违法犯罪的道路。

4．强行向他人索要财物

强行向他人索要财物，是指利用轻微暴力、以暴力相威胁或者以其他手段相要挟的方法，迫使财物所有人或者保管人交出财物的行为。

5．偷窃、故意毁坏财物

偷窃，是指用秘密的方法和手段，将他人的财物据为己有的行为。故意毁坏财物，是指出于故意将公私财物损毁或使其失去原有功能。未成年人好攀比、虚荣心强，看到别人有的东西自己没有，当从家庭得不到满足时，有时便产生偷窃的想法，一旦偷窃成功，就满足了一时的虚荣心。因此，预防未成年人偷窃的不良行为首先应从家庭开始，父母要有良好的生活习惯，履行好对子女的监护，注意防止孩子不良行为的产生。

我国现在的家庭大都是独生子女，家长容易对子女娇生惯养，孩子也习惯了以自我为中心，自私自利，如果心理上得不到满足，则情绪低落，有可能发展成为以毁坏自己家的财物，或是毁坏邻居家的财物，或是公共设施等，来达到心理上的平衡。久而久之，就形成了毁坏财物的不良行为。

6．参与赌博或者变相赌博

我国未成年人参与赌博或变相赌博的现象也非常严重。未成年人参与赌博或变相赌博会影响学习、荒废学业，并且加大父母或者其他监护人的经济负担，导致家庭关系不和睦，同时赌输后由于急于翻本的心态，大举赌博，越输越赌，不能自拔，最终诱发严重刑事犯罪活动。

7．观看、收听色情、淫秽的音像制品、读物等

未成年人犯罪的原因极其复杂，既有家庭、学校教育缺陷的原因，也有社会历史与现实的诸多原因。但是，淫秽物品对未成年人犯罪则起着直接诱发的作用。大量事实证明，淫秽物品不仅对人产生消极影响，更能毒害人的心灵，使人堕落，走上违法犯罪的道路，这种毒害对于未成年人尤为明显，因而被称为“精神鸦片”。

8．进入法律、法规规定未成年人不适宜进入的营业性歌舞厅等场所

未成年人与成年人对事物的分辨、承受能力是不同的，有些

公共活动场所刺激性强，如果允许未成年人随意进入，就会影响其身心健康。

9. 其他严重违背社会公德的不良行为

违背社会公德的不良行为，是指违反了用来维护社会公共秩序的一系列行为规范和道德准则的行为，常见的有下列几种：(1) 隐匿、毁弃或私拆他人信件的行为；(2) 骗取他人少量财物等侵犯公私财物的行为；(3) 吸烟、酗酒的行为；(4) 在禁火区玩火，在禁放烟花区玩弄烟花、爆竹等行为；(5) 故意污损名胜古迹，破坏草坪、花卉等行为；(6) 离家出走、考试经常作弊、经常欺负弱小同学等。

未成年人一般不良行为具有以下三个特征：一是属于少年犯罪行为的前兆，容易引发少年犯罪行为；二是严重违背社会公德，是一种属于与社会公众对于少年行为标准要求相悖的行为，有的还不同程度地违反了社会治安管理法规；三是尚不符合给予治安处罚、劳动教养等行政处罚条件或者送工读教育条件。①

(二) 未成年人的严重不良行为

所谓“严重不良行为”，是指严重危害社会，尚不够刑事处罚的违法行为。它与不良行为一样，都是反社会的，其差别在于危害程度不同。《预防未成年人犯罪法》所规定的“严重不良行为”有：

1. 纠集他人结伙滋事，扰乱治安

纠集他人结伙滋事，是指未成年人纠合成团伙或结成伙伴，在社会上无事生非、寻衅滋事、扰乱社会治安与社会正常秩序的行为。此类行为的主要表现有：在公共场所或交通要道等地聚众

---

① 姚建龙著：《少年刑法与刑法变革》，中国人民公安大学出版社 2005 年版，第92页。

打群架；起哄闹事，向人体、车辆、住宅等处抛弃废物及石块；在市场上硬拿强要，扰乱正常的贸易活动与秩序；结伙用下流的语言或动作调戏、污辱妇女等。

2. 携带管制刀具，屡教不改

未成年人携带管制刀具，经劝阻、教育后仍屡教不改的，构成严重不良行为。

3. 多次拦截殴打他人或者强行索要他人财物

许多未成年人实施了多次拦截殴打他人或强行索要他人财物的严重不良行为后，因实施行为的未成年人思维方式简单，对产生不良行为的后果缺乏认识或认识肤浅，往往实施行为后会产生一种快感，这种快感会驱使他们再次寻求刺激，从而导致该种严重不良行为愈演愈烈直至犯罪行为的产生。

4. 传播淫秽读物或者音像制品等

未成年人传播淫秽物品，毒害人们特别是同龄人的身心健康，诱发犯罪，许多青少年深受其害，走上强奸、卖淫、偷盗、杀人等违法犯罪的道路，因此该行为危害极大。

5. 进行淫乱或者色情、卖淫活动

进行淫乱或者色情、卖淫活动是性的一种表现形式。淫乱通常表现为非经济利益型，即未成年人实施为满足自身或他人性欲而超越社会行为的规范，妨害社会风化的行为。色情、卖淫则通常表现为受经济利益的驱动、出卖性权利以获得金钱或有价物品的行为。

6. 多次偷窃

未成年人产生不良偷窃行为与我国《刑法》规定的盗窃罪在规定犯罪而负刑事责任上有以下两个界限：一是未成年人是否达到法律规定的应负刑事责任的年龄；二是未成年人偷窃财物的数额。未成年人偷窃的不良行为与严重不良行为区别点在于是否是多次实施该行为。它反映了未成年不良行为者主观严重的程度。

7. 参与赌博，屡教不改

赌博活动的反复性加大了制止、劝阻未成年人参赌的难度，也成为未成年人不良行为与严重不良行为的一个分界点。

8. 吸食、注射毒品

吸毒，主要侵害的是未成年人的身心健康。从医学角度看，吸食、注射毒品造成了躯体依赖性，并使未成年吸食、注射毒品者产生抗药性，从而不断地追加吸、注毒品的剂量。对于未成年人此种严重不良行为，在学校教育的基础上，家庭与社会都要承担起预防和教育的义务，即向未成年人传递禁毒、反毒、拒毒、防毒的知识，利用各种方式大力宣传禁毒意义和毒品危害。

9. 其他严重危害社会的行为

主要指放火行为，投毒行为，绑架行为，多次诈骗行为，情节恶劣的故意损害公私财物的行为，严重哄抢行为，出于多种动机的谎报险情、制造混乱等尚不够刑事处罚的行为。

严重不良行为具有以下几个基本特征：一是严重不良行为的实施主体是少年。虽然《预防未成年人犯罪法》并没有限定严重不良行为只能由少年实施，但从行为能力与责任能力的角度考虑，只有未成年人群体中的少年才能是实施严重不良行为的主体；二是实施严重不良行为的主观方面应限于故意，过失不能构成严重不良行为；三是必须具有严重社会危害性，是一种严重危害社会的行为；四是尚不够刑事处罚的条件，包括行为虽然具有严重社会危害性，但没有达到刑事犯罪的程度和因为没有达到刑事责任年龄，而不认为是犯罪不予刑事处罚。[①]

（三）未成年人不良行为的构成要件

未成年人不良行为归纳起来主要有以下几个构成要件：一是在认识因素上，精神空虚、缺乏理想，是非观念模糊或颠倒，缺乏正确的人生观、价值观和世界观。具体表现为：不思进取、贪图享受、崇尚拜金主义。二是在情感因素上，具有不稳定和强烈的冲动性。具体表现为：自我控制能力差、易感情用事、讲义气、缺乏正义感。三是在意志因素上，有明显的两极性，在正确方向上自卑，意志薄弱；在错误方向上自负，畸形发展。四是在行为表现上，讲究吃穿，甚至是好逸恶劳，偶发性强，习惯不良结伴，且行动盲目。实践证明，未成年人的不良行为，若得不到及时的教育和矫正，很容易由起初的不良行为发展到后来的实施违法犯罪。许多未成年人最终走上犯罪道路，一般都是从有不良行为开始的，有一个从劣迹到违法到犯罪的变化过程。

二、未成年人不良行为的成因

未成年人不良行为的形成，是其自身的主观因素与外界不良因素影响相互作用的结果。从主观上讲，未成年人在生理和心理上正处于成长发育期，思维能力、认识事物和判断事物的能力有限，辨别是非、自我控制和自觉抵御的能力较差。所以，任何不良因素的侵扰，都会造成他们身心的伤害，或使其误入歧途。加之未成年人好奇心强，善于模仿，常常会把与之接触较多的父母或朋友作为自己模仿的对象。若父母行为不端，恶习较多，或者未成年人交友不良，无疑都会对未成年人产生负面影响，使其养

① 姚建龙著：《少年刑法与刑法变革》，中国人民公安大学出版社 2005 年版，第 97 页。

成不良的行为习惯。从客观上看，一个未成年人沾染了不良行为，甚至沦为一名罪犯，也是社会化文明程度不高的反映。未成年人的社会化过程是在家庭、学校和社会的综合作用下进行的。因此，不良的生活环境是未成年人不良行为形成的客观因素。

（一）家庭教育方式的不当

孩子出生后，家庭是第一摇篮。家庭成员的思想意识、生活习惯、行为作风和教育方式等无不影响着儿童的成长。古人云："宠子不娇，娇子必歧"，父母溺爱、迁就常常是养成孩子任性、以自我为中心、自私、专横、懒惰、追求享乐、依赖成性等不良习气的主要原因。父母默许或包庇子女的错误行为，必然招致子女不良行为的重复出现，最终导致不良行为习惯的形成。另一方面，如果父母对子女缺乏正确的教育方法，当发现子女犯了错误之后，非打即骂，使之经常处于焦虑、紧张、惶恐不安的状态，那么孩子为了避免父母的严厉惩罚，必然会在犯了错误之后编造谎言，以减轻压力，其结果不仅起不到应有的教育作用，反而还会加剧不良行为的发展。

（二）学校教育的偏差

学校作为人生成长的第二摇篮，对未成年人的成长有着重要作用。然而，当前有很多学校却存在严重的片面追求升学率、重智育轻德育的现象，忽视了对未成年人的思想政治教育和法制教育。例如，有的学校按学习成绩好坏把学生分为三六九等，对学习不好、品行不好的"双差生"采取不喜欢甚至是歧视的态度，致使他们产生自卑心理，由学习不好，到不愿学习，进而发展到旷课、逃学。有些教师平时不注意关心和了解有不良行为的学生，未能及时预防和发现学生存在的问题。学生出事后，又不注重调查研究，进行有针对性的教育矫正，反而就事论事，随便批评、训斥和责骂学生，极大地伤害了这些学生的自尊心。有的学校动辄“除名”、“劝退”、“勒令退学”，将这些问题学生赶出校门，把矛盾推向社会。这些学生走向社会后往往由于得不到应有的引导、教育和管理，很容易产生破罐子破摔的消极思想，不知不觉地走上了违法犯罪的道路。

（三）社会消极因素的影响

当前，由于受社会上拜金主义、金钱万能等腐朽思想的影响，一些未成年人判断是非的标准发生了偏差，他们精神空虚、缺乏理想、贪图享受且好逸恶劳。于是，便把盗窃、抢劫作为获取钱财的唯一手段。另外，随着影视文化等大众传播媒介的普及，未成年人有了与成年人一样的享受精神文化生活的机会。一些以宣传暴力、色情、享乐主义、金钱至上等为主要内容的非法文化产品，对未成年人的心理、行为和价值观的发展也产生了许多不良影响，以致有些未成年人从想入非非到好奇、模仿，最终成了“暴力文化”和“色情文化”的俘虏。还有一些未成年人盲目模仿港台片中的黑社会人物，与一些有前科、劣迹的人混杂纠集，称兄道弟。他们互相影响与唆使，其后果可想而知。

第二节 我国对未成年人不良行为的预防和处置措施

一、未成年人不良行为矫治的几个原则

（一）保护社会与保护未成年人相统一原则

未成年人不良行为矫治制度既要注重保障社会的安全和秩序，也要注重保护实施不良行为的未成年人的合法利益，努力把两者有机地结合起来，做到保护社会与保护未成年人的统一。因此，处理好保护社会与保护未成年人之间的关系，做到两者相统

一，是对未成年人不良行为矫治的基本要求。

（二）及时矫治原则

根据未成年人生理和心理尚未成熟的特点，坚持治本和疏导，对未成年人的不良行为及时进行预防和矫治。犯罪具有严重的社会危害性，及时做好矫治工作，能够有效地制止未成年人的不良行为，从而消除犯罪的原因和条件，达到防患于未然的目的。

（三）教育矫治为主、惩罚为辅原则

2006年修订的《未成年人保护法》第五十四条第一款规定："对违法犯罪的未成年人，实行教育、感化、挽救的方针，坚持教育为主、惩罚为辅的原则。"该原则强调对失足少年的教育矫治，努力以非惩罚性手段挽救不良行为少年。同时，对于依照法律应当处罚的不良行为，同样应该实事求是地依法予以惩罚和制裁，但这种惩罚同样应该以教育矫治、感化和挽救为目的。

（四）尊重保护的原则

预防未成年人违法犯罪，矫正青少年不良行为不能只采取单一的限制性手段，而是要采取多种多样的措施，其中尤为重要的是保护成长的措施。《未成年人保护法》第一章第五条明确规定："保护未成年人的工作，应当遵循下列原则：（一）尊重未成年人的人格尊严；（二）适应未成年人身心发展的规律和特点；（三）教育与保护相结合。"要保护未成年人的合法权益，尊重未成年人的人格尊严，开展多种形式适应未成年人身心发展特点的活动。

（五）共同参与、综合治理原则

在矫治未成年人不良行为的过程中，应当注意发动和运用各种可能的资源，如家庭、学校、青少年群体等各种社会组织共同参与未成年人不良行为的矫治。

二、一般不良行为的预防

根据《预防未成年人犯罪法》等法律的规定，对于有一般不良行为的少年所采取的是社会性、非司法性质的预防、教育和保护性措施，而不是进行任何形式的行政处罚或者送工读教育等强制性教育矫正措施，更不能追究刑事责任。《预防未成年人犯罪法》对于未成年人一般不良行为的预防、教育作了较为详细的规定，这些规定主要是对家庭、学校、社会和相关国家机关的要求，而非对未成年人的处置，体现了对一般不良行为的预防性、教育性和非司法性。

（一）防止未成年人的吸烟、酗酒行为

吸烟对未成年人可以造成心理行为的不良影响。未成年人开始吸烟往往同意志消沉、自暴自弃、失恋、模仿偶像与成年人有关，这些心理状态有害于未成年人的个性发展，对未成年人的负面影响极大。未成年人酗酒会导致他们身体机能损耗，记忆力下降，无法坚持学习，进而流浪街头，诱发违法犯罪活动和过早死亡。我国《预防未成年人犯罪法》和《未成年人保护法》都规定了未成年人的父母或者其他监护人和学校应当教育未成年人不得吸烟、酗酒，任何经营场所也不得向未成年人出售烟酒。

（二）预防中小学生的旷课行为

学校在发现中小学生旷课时，应当及时与其父母或其他监护人取得联系。父母或者其他监护人要进一步了解未成年学生旷课的原因，做好教育工作。同时，学校要采取积极有效的措施，加强学校教育管理工作，切实解决中小学生旷课的问题。

（三）预防未成年人擅自外出、夜不归宿

夜不归宿对未成年人危害较大，是未成年人不得实施的不良行为之一。一般而言，绝大多数的父母或者其他监护人在发现未

成年人夜不归宿时会及时查找未成年人的去向，并与学校、亲友取得联系。对夜不归宿的未成年人回家后应做好思想教育工作，避免以后再次离家出走。对于在校寄宿的未成年人，学校负有及时查证未成年学生夜不归宿的情况并及时寻找他们的义务。容留未成年人过夜的人应当征得其父母或者其他监护人的同意。在紧急情况下，应当在24小时内通知其父母或者其他监护人、所在学校或当地公安机关。

（四）预防未成年人组织或参加不良团伙

未成年人的父母、其他监护人和学校发现未成年人组织或者参加不良行为的团伙时，应当及时对未成年人进行教育，阐明其危害性，教育其退出，并责令解散该团伙。

（五）预防和制止教唆、胁迫、引诱未成年人违法犯罪

一般而言，教唆、胁迫、引诱未成年人违法犯罪的人是成年人，在犯罪团伙中，往往是主犯和累犯在教唆、胁迫、引诱未成年人参与犯罪活动。许多案件表明，未成年人走向违法犯罪道路的原因往往是交友不慎，受多次参与实施违法犯罪活动的“朋友”的影响而滑向堕落的深渊。父母或者其他监护人如发现有人教唆、胁迫、引诱未成年人违法犯罪的，应当及时向公安机关报告情况，同时可以采取转学、迁居的方式避免未成年人进一步参加犯罪活动。

（六）父母或者其他监护人应加强对未成年人的监督管理

16周岁以下的未成年人不得脱离监护人单独居住，是由于未成年人好奇心强，容易感情用事，在脱离监护单独居住的情况下会因不能明辨是非而参与一些违法犯罪活动。未成年人同父母或者其他监护人居住在一起有利于未成年人学会辨明是非，增强识别能力，并且得到更多的家庭之爱，有利于未成年人个性的健康发展。

父母对未成年人的教育采取放任自流的方式是一种常见的不妥当的教育方式。其实未成年人的行为和心理具有较强的可塑性，未成年人实施一次或几次不良行为并非说明其已彻底堕落了。如果未成年人的父母或者其他监护人对未成年人放任不管，甚至迫其离家出走，放弃监护职责，只会使未成年人越走越远，从违法走向犯罪。父母或者其他监护人对有不良行为的未成年人任何时候都不能放弃对他们的教育。

在大多数情况下，夫妻双方都能履行教育子女的义务，但在双方离异的情况下，由于感情矛盾、抚养费纠纷等因素使得双方常在教育子女的问题上相互推诿、逃避责任。为了防止因父母离异而使得未成年人不能享受教育的权利，我国的相关法律、法规明确了父母的义务，以确保未成年人受教育权利的实现。

在一些再婚或者收养家庭中，由于继子女、养子女不是父母的亲生子女，他们有时得不到父母之爱和家庭之爱，甚至受到歧视和虐待。家庭的这种对待会给正在发育中的未成年人造成心理上、性格上的扭曲，容易养成孤僻、冷酷、消沉和厌世等不良情绪。在这种情况下，未成年人子女很难完成学业，往往逃学或辍学，混迹社会，走上违法犯罪的道路。为了保证继子女的各种法律权利切实得到实现，我国《婚姻法》规定，继父母对继子女，不得虐待或歧视。继父母和受其抚养教育的继子女之间的权利和义务，适用于《婚姻法》对父母子女关系的有关规定。

（七）学校应当加强教育、管理具有不良行为的未成年人

未成年人不良行为的产生有些是家庭原因，有些是学校的教育不当，不论起因如何，学校都有责任加强未成年人预防违法犯罪工作，尤其是对有不良行为的未成年人应当加强教育和管理，不得歧视。加强对有不良行为的未成年人的教育工作主要有几个方面：（1）加强对有不良行为的未成年人的思想政治教育；

（2）教育和管理要做到有的放矢，对症下药；（3）对有不良行为的学生不能放松知识文化教育。

（八）教育行政部门和学校负有预防和矫治未成年人不良行为的职责

教育行政部门、学校应当举办各种定期、不定期的讲座、座谈、培训，把校外的专家和学者请进来或者组织未成年人的父母或者其他监护人及老师到外面去学习、参观，接受培训，使得他们在日常教育中能更好地针对未成年人不同时期的生理、心理特点，使更有效的、技术性强的防止和矫治未成年人不良行为的方法被未成年人的父母或者其他监护人及老师所掌握，做到对症下药，有效防止、矫治未成年人的不良行为。

（九）加强教师品行的教育和管理

作为“人类灵魂的工程师”的教师与未成年人关系最为密切，对未成年人的成长影响最大。在我国的教职工队伍中，大多数具有良好的品行与较高的文化修养。但一些教师却具有某些不良行为，不适宜从事教学工作，应当严肃处理。教师不良品行的具体表现有：（1）教唆、胁迫、引诱未成年人实施不良行为；（2）品行不良，影响恶劣；（3）教学方法不妥当，难以胜任教育、引导、影响学生的任务，或不安心教学工作、责任心差等其他不适宜从事教学工作的行为。

（十）社会其他力量的预防责任

1. 做好学校周围的治安防范工作

学校周围的流动人员，由于目标地点比较固定，公安机关可以较容易地对其予以掌握、控制。同时，公安机关应当严格控制学校周围环境中服务行业的数量及种类，加强学校周围的治安巡逻工作，及时发现、制止、避免违法犯罪行为的发生，给未成年人一个治安良好的学习环境。

2. 保障暂住未成年学生的学习权利

作为暂住未成年人的主管机关的公安派出所，应当在城市居民委员会和农村村民委员会的协助下，主动深入到暂住未成年人中，对有不良行为的暂住未成年人做好思想教育和矛盾转化的工作。应当掌握暂住人口中未成年人的就学、就业情况，采取相应的预防措施和解决办法，预防、控制和减少暂住人口未成年人从事违法犯罪的活动。

3. 任何人不得教唆、胁迫、引诱未成年人实施不良行为

这一点前面已提到，父母和其他未成年人的监护人、学校，发现未成年人有不良行为倾向时，要及时教育和矫治，制止和揭露那些教唆、胁迫、引诱未成年人实施不良行为的不法分子。

4. 禁止出版、传播有害出版物

有害出版物轻则会使未成年人精神委靡、颓废、消极、学习成绩下降，丧失意志，行为放荡，重则导致未成年人产生对淫秽、暴力、凶杀、恐怖等行为的模仿欲望，继而违法犯罪，因此应坚决予以禁止。我国有关法律制定了向未成年人传播有害出版物的禁止性规定，主要内容包括禁止有害出版物的出版；截断有害出版物的传播渠道；依法严惩向未成年人传播有害出版物的单位和个人等。色情、暴力等消极文化对于未成年人具有很大的腐蚀性，往往直接诱发犯罪。做好未成年人犯罪的综合治理，就必须净化社会文化环境，把握正确的社会舆论导向。对出版或传播具有暴力、色情、赌博、恐怖活动内容的出版物或信息的行为应视情节严重程度不同，或予以罚款，或责令停业整顿或吊销许可证；或予以治安处罚，或依法追究刑事责任。

5. 限制未成年人进入不适宜的场所

未成年人处于人生的特殊阶段，在生理发育和心理成熟方面都处于发展状态，因此限制未成年人进入某些场所，是保证未成

年人健康成长、预防未成年人违法犯罪的需要。限制未成年人进入的活动场所，主要有营业性舞厅、酒吧、夜总会、带赌博性的娱乐室、游乐场等；营业性台球厅、卡拉 OK 厅在学校上课时间不能向中小学生开放；营业性电子游戏场所在国家法定节假日外，不得允许未成年人进入；正在播放“少儿不宜”的影片、录像、录音等播放场所应禁止未成年人进入。

三、严重不良行为的处置

由于未成年人实施严重不良行为对社会的危害较大，因此《预防未成年人犯罪法》规定，对于实施了严重不良行为的未成年人，对这种行为应当及时予以制止，可以根据其责任年龄、责任能力、恶性程度、危害后果等给予相应的行政处罚或者其他教育保护措施。这些处置措施主要有：

（一）严加管教

我国《刑法》第十七条、《预防未成年人犯罪法》第三十八条规定了对因不满 16 周岁不予刑事处罚的未成年人，责令其父母或者其他监护人严加管教。《治安管理处罚法》第十二条规定，不满 14 周岁的人违反治安管理的，不予处罚，但是应当责令其监护人严加管教。《预防未成年人犯罪法》第四十九条规定，未成年人的父母或者其他监护人不履行监护职责，放任未成年人有不良行为或者严重不良行为的，由公安机关对未成年人的父母或者其他监护人予以训诫，责令其严加管教。

未成年人的成长是由小到大，由无知到知之甚少，由知之甚少到知之较多，最后成长为一个心智健全的合格人才。一个犯罪行为的形成也是由不懂法或法制观念薄弱到染上不良习气的过程，如果对不良行为不予以及时制止，就会发展为危害社会的违法行为，违法行为和犯罪行为也就是一步之遥。所以，对于未成年人的教育应从小抓起，对其不良行为应做到防患于未然。这也是作为未成年人的父母或其他监护人应尽的法律义务。父母或者其他监护人不履行监护职责，特别是不履行对未成年人的教育职责，给未成年人的成长带来极大的危害。实践证明，不少未成年人的不良行为、不良习惯是由于父母或其他监护人对其溺爱、娇生惯养、不管不教造成的。对未成年人的不良行为或严重不良行为放任不管，甚至纵容，是具有社会危害性的行为，这也是未成年人走上违法犯罪道路的重要原因之一。因此，法律对于未尽职责，放任未成年人的不良行为和严重不良行为的父母或其他监护人规定了法律责任，即由公安机关对未成年人的父母或者其他监护人予以训诫，并责令其对未成年人严加管教。不履行监护职责，放任不良行为和严重不良行为，是指没有依照《预防未成年人犯罪法》等有关法律所规定的内容对未成年人进行保护和教育，明知未成年人染有不良行为和严重不良行为，不严加管教，应该制止而不制止，任其发展的行为。“管教”，是指父母或者其他监护人按照国家的法律、法规和社会主义公共道德的要求，采取正确、适当的方法，对未成年人加以必要的管理、教育和约束，使他们能够健康成长。法律赋予未成年人父母或者其他监护人对未成年子女的管教权利和义务，是因为未成年人年幼无知，缺乏辨别是非的能力，需要成人对其予以指导。尤其是对犯了错误的未成年人，父母或者其他监护人更有责任对其进行批评、教育、纠正和引导。“严加管教”与一般的管教不同。例如，未成年人的父母或者其他监护人可以对未成年人的行为予以监督、对其活动范围加以限制、教育他不与坏孩子交朋友、经常与学校老师取得联系等。但是应当指出的是，不能一说严加管教，就随便体罚、变相体罚或打骂、虐待未成年人，滥用管教权。

（二）送工读学校进行矫治和接受教育

《预防未成年人犯罪法》第三十五条规定，对有法定严重不良行为的未成年人，其父母或者其他监护人和学校应当相互配合，采取措施严加管教，也可以送工读学校进行矫治和接受教育。对未成年人送工读学校进行矫治和接受教育，应当由其父母或者其他监护人，或者原所在学校提出申请，经教育行政部门批准。第三十六条规定，工读学校对就读的未成年人应当严格管理和教育。工读学校除按照义务教育法的要求，在课程设置上与普通学校相同外，应当加强法制教育的内容，针对未成年人严重不良行为产生的原因以及有严重不良行为的未成年人的心理特点，开展矫治工作。家庭、学校应当关心、爱护在工读学校就读的未成年人，尊重他们的人格尊严，不得体罚、虐待和歧视。工读学校毕业的未成年人在升学、就业等方面，同普通学校毕业的学生享有同等的权利，任何单位和个人不得歧视。

工读学校是对有违法和轻微犯罪行为的未成年学生进行特殊教育的半工半读学校，是普通教育中的一种特殊形式，也是实施九年义务教育的一种不可缺少的教育形式。其招生对象是：年龄在12周岁至17周岁；有违法或轻微犯罪行为，但又不够劳动教养、收容教养或者刑事处罚的行为；不适宜留在原学校继续学习的学生。

工读学校最早源于苏联卫国战争时期，教育家马卡连柯组建的带有收容性质的“高尔基工学团”成为收容战争孤儿的场所。我国工读学校诞生于20世纪50年代，专门针对一些有犯罪与偏差行为、年龄在12周岁至17周岁未成年人开设的学校。实践证明，工读学校对于教育、挽救有违法和轻微犯罪行为的未成年学生起到积极作用。国务院办公厅转发国家教委、公安部、团中央《关于办好工读学校的几点意见》的国办发文件中对于工读学校的地位和作用予以了肯定，其中对工读学校的性质、任务和办学指导思想以及思想政治教育和学生管理、招生来源、毕业生出路等问题进行了规定；确立了“立足教育、挽救孩子、科学育人、造就人才”的指导思想；明确了工读学校的任务是全面贯彻执行教育方针，把有违法和轻微犯罪行为的学生教育挽救成为有理想、有道德、有文化、有纪律并掌握一定生产劳动技术和职业技能的社会主义公民。

根据《预防未成年人犯罪法》第三十五条的规定，对有严重不良行为的未成年人，之所以送工读学校，是为了对其进行矫治和接受教育。对于送到工读学校进行矫治和接受教育的未成年学生，应当以转变其产生严重不良行为的思想为首要任务，应当结合学生思想实际，切实加强理想、道德、法制和爱国主义、集体主义和社会主义教育，帮助其明辨是非，认识并改正错误，树立正确的人生观、价值观，养成良好的品行。

我国工读学校经历了两个阶段。第一个阶段的培养目标是把因有轻微违法犯罪行为而进入工读学校的学生，通过半工半读转变成为“自食其力的社会主义劳动者”。现阶段，工读学校被定位为义务教育的补充，主要职责是为家庭、学校、社会服务，接纳的是厌学和行为偏常的“问题学生”。[①] 我国曾经有将近200所工读学校，但是，目前仅有不到70所。四川全省只有52中一所工读学校。2003年，广州市就有3000名品德偏常的“问题孩子”需要进入工读学校，但广州仅有1所能容纳100人的工读学校。[②] 这突出地反映了我国工读学校严重滞后于时代的发展、缺

---

① 周俏春：《关注未成年人：什么样的孩子送工读学校?》，载新华网，http://news. sina. com. cn/c/2004 - 05 - 26/10462632284s. shtml,2006年12月26日。

② 《民盟中央提案：关注“问题孩子”办好工读教育》，载人民网，http://www. china. com. cn/zhuanti2005/txt/2006 - 03/09/content_6148821. htm。

失法律保障的社会地位和国家必要的经济投入。

目前，工读教育主要存在两大问题：一是“法律定位”问题。我国还没有关于工读学校的专门立法，仅在《未成年人保护法》和《预防未成年人犯罪法》中对工读学校的有关问题作了原则规定，但定位模糊，把工读学校列入对未成年人严重不良行为矫治的学校，却缺少具体实施细则。例如，可否强制送“问题孩子”到工读学校或强制管理等，都没有明确的依据。二是“国家投入”问题。我国对教育的投入本身就不足，对工读学校的投入更是严重不足。由此引起的后果是：工读学校社会地位低下，学校数量减少，招生严重不足，教师待遇较低，西部不如东部、北部不如南部，总体状况是不平衡、不稳定、不发展。

针对上述问题，应该加快工读教育立法，着手解决以下三方面问题。

1. 工读教育应当单独立法

从我国工读教育 50 年来的发展和目前的社会实际情况看，工读教育单独立法，明确其特殊性质，引起社会关注，提高社会影响力是非常必要的。例如，可统一将工读学校更名为“青少年法律援助学校”。按照义务教育的要求，工读学生和普通学生一样享有平等接受基础教育的权利。国家应立法编制工读教材，选派优秀教师，有针对性地设置心理健康、行为矫治等课程，逐步形成一套符合我国国情的工读教育框架体系。

2. 进一步加大对工读学校的投入

国家应根据社会的实际需求加大对工读学校的投入，鼓励企事业和社会团体通过各种方式支持和帮助工读教育事业的发展，特别是公检法等预防和打击犯罪的强力部门，应为工读学校的建设和发展提供必要的支持与资助，使工读学校数量不断增加、办学质量不断提高。

3. 提高工读学校及教师的社会地位和福利待遇

工读学校无论叫什么名称，它的社会定位应受到特有的尊重。国家应采取积极的措施，通过提高待遇、师范培训、资格认证等来稳定工读教师队伍，并广泛宣传工读教师无私奉献的牺牲精神，提升他们的社会地位，也由此解决“招生难”的问题，使工读教育进入良性循环发展的轨道。

（三）由公安机关依法予以治安处罚、训诫

《预防未成年人犯罪法》第三十七条规定：“未成年人有本法规定严重不良行为，构成违反治安管理行为的，由公安机关依法予以治安处罚。因不满十四周岁或者情节特别轻微免予处罚的，可以予以训诫。”就是说，由于未成年人的许多严重不良行为，本身也是违反治安管理的行为，公安机关要依法予以治安处罚。根据《治安管理处罚法》第三章的规定：（1）纠集他人寻衅滋事，扰乱治安的，处 15 日以下拘留、1000 元以下罚款；（2）非法携带管制刀具，屡教不改的，处 5 日以下拘留，可以并处 500 元以下罚款；（3）多次拦截殴打他人或者强行索要他人财物的，处 15 日以下拘留、1000 元以下罚款；（4）传播淫秽的读物或者音像制品等的，处 15 日以下拘留，可以单处或者并处 3000 元以下罚款，或者依照规定实行劳动教养；（5）进行淫乱或者色情、卖淫活动的，处 15 日以下拘留、警告、责令具结悔过或者依照规定实行劳动教养，可以并处 500 元以上 1000 元以下罚款；（6）多次偷窃的，处 15 日以下拘留或者警告，可以单处或者并处 1000 元以下罚款；（7）参与赌博，屡教不改的，处 15 日以下拘留，可以单处或者并处 3000 元以下罚款，或者依照规定实行劳动教养；（8）吸食、注射毒品的，处 15 日以下拘留、2000 元以下罚款或者警告；（9）其他严重危害社会的行为，也给予相应的处罚。

对于不满14周岁或者情节特别轻微的，免予治安处罚，但可以予以训诫。所谓训诫，是对免予治安处罚的未成年人给予口头的、公开的谴责和教育的方式。

（四）由政府依法收容教养

我国《刑法》明确规定：已满16周岁的人犯罪应负刑事责任。已满14周岁不满16周岁的人，一般不负刑事责任，但犯故意杀人、故意致人重伤或者死亡、强奸、抢劫、贩卖毒品、放火、爆炸、投放危险物质罪的，则应当负刑事责任。不满14周岁的人不负刑事责任。对于不满16周岁不予刑事处罚的，责令他的家长或者监护人加以管教，在必要的时候，也可以由政府收容教养。《预防未成年人犯罪法》第三十八条规定："未成年人因不满十六周岁不予刑事处罚的，责令他的父母或者其他监护人严加管教；在必要的时候，也可以由政府依法收容教养。"

收容教养是一种强制性教育改造措施，由当地行政公署以上级别的公安机关审批，并由少年管教所执行。收容教养期限一般为1～3年。未成年人在被收容教养期间，执行机关应当保证其继续接受文化知识、法律知识或者职业技术教育；对没有完成义务教育的未成年人，执行机关应当保证其继续接受义务教育。解除收容教养、劳动教养的未成年人，在复学、升学、就业等方面与其他未成年人享有同等权利，任何单位和个人不得歧视。

未成年人因为触犯法律造成严重危害社会的行为被收容教养，这是从有利于教育、挽救该未成年人的目的出发所采取的必要措施，而不是为了惩罚未成年人，其目的是经过比较严格的教育和训练，使该未成年人抛弃错误观念，形成正确的人生观，养成良好的品行，并初步学会和掌握有用的知识，做一个有利于社会的人。

（五）劳动教养

劳动教养主要是针对有轻微犯罪行为，不需要刑事处罚，或者多次违反治安管理、屡教不改的人所采取的强制性教育改造行政措施，劳动教养在国家专门设立的劳动教养场所执行，期限一般为3年。依照国家有关规定，劳动教养的对象必须是16周岁以上。因此，年满16周岁未满18周岁的未成年人可以是劳动教养的一部分对象。

（六）强制戒毒

强制戒毒，是指对吸食、注射毒品成瘾人员，在一定时期内通过行政措施对其强制进行药物治疗、心理治疗和法制教育、道德教育，使其戒除毒瘾。强制戒毒工作由公安机关主管。《中华人民共和国禁毒法》第三十九条规定，不满16周岁的未成年人吸毒成瘾的，可以不适用强制隔离戒毒。

（七）缓处考察

缓处考察是一种类似美国的附条件转处计划的措施。2003年4月，上海市南汇公安分局推出了缓处考察试点工作，根据上海市《南汇公安分局关于对未成年人违法行为施行缓处考察制度的实行办法》和《南汇公安分局对违法未成年人实行缓处考察办法的实施细则》规定，缓处考察的对象包括：（1）年满14周岁，未满16周岁的未成年人，因违法犯罪尚不足以刑事处罚，或违反《治安管理处罚条例》，符合治安管理处罚的，可暂缓裁决处理；（2）年满16周岁，未满18周岁的未成年人，且属在校学生的，违反《治安管理处罚条例》，符合治安管理处罚的，可暂缓裁决处理。对于经教不改、流窜作案，监护人和学校没有监护、教育条件的不给予暂缓处理。

对缓处考察人员的报批由户籍地派出所负责。办案单位在办案过程中发现未成年人违法的，应当通知其监护人到场，并告知申请暂缓处理。缓处考察的审核部门为法制办，审批权由公安分局领导行使。缓处考察的期限为3～6个月。帮教、考察措施的落实由社区民警具体负责，并将情况通知青保办、综治办、学校、社区，得到全社会的支持与帮助。在帮教期间，社区警员每周一次与违法青少年面对面交流，剖析违法犯罪的成因、危害性和所要承担的法律后果，同时规劝鼓励其振作精神。有关帮扶人员每月一次听取其书面汇报思想、学习、生活情况和体会。派出所为每名违法未成年人立档建卡，对在“缓处考察”期间表现好的，违法材料另列，今后不转入个人档案，这样不影响未来的升学、就业等。此举有助于违法青少年尽快走出阴影，告别过去。据统计，自实行“缓处考察”以来，南汇未成年人违法犯罪人数逐年下降。2003年比2002年下降25%，2004年比2003年下降三成，2005年以来比2004年同期又下降近15%，特别是原来以侵犯财产为主的未成年人违法犯罪势头得到有效控制。对在考察期内确有悔过自新或立功表现的，予以解除缓处考察。并将缓处考察情况通知原办案单位，办案单位根据此情况依据《治安管理处罚条例》第十六条之规定，予以从轻或免予处罚。对在考察期内又违法犯罪或不服帮教的，撤销对其缓处考察决定，由承办单位按照《治安管理处罚条例》依法处理。目前缓处考察制度的适用范围比较小，尚处于局部试点阶段。

根据相关法律法规，我国目前对具有不良行为或者严重不良行为的未成年人的干预仅仅限于上述几种措施，矫正方式很少，在实践中较难起到作用，矫正效果不甚理想。例如，按照现有规定，可以将具有不良行为的未成年学生送入专门学校，但是在实践中，如果未成年人及其家长不愿意将其送入，则很难送入。即使被送入专门学校，鉴于专门学校目前的教育方式以及教育内容，也难以达到预想的效果。再如，如果未成年人实施强奸等严重危害社会的行为，没有达到刑事责任年龄而不能被追究刑事责任，会被送去收容教养，但实践中一些未成年人不仅没有被矫治好，反而在收容教养期间受到交叉感染，出来后继续实施犯罪。

根据以上分析，可以看出，我国对实施严重不良行为的未成年人处置措施具有以下几个特点：（1）除了严加管教和工读教育，其他处置措施基本是针对成年人而设的，并不是专门针对未成年人特点而设计的；（2）这些措施都是由行政机关实施作出；（3）这些措施都具有很强的处罚性质；（4）这些措施大多涉及剥夺或者限制未成年人的人身自由，时间持续也比较长；（5）这些措施大部分都是在封闭或者半封闭式的机构中执行。[①]这与对未成年人的保护理念和对未成年人严重不良行为侧重预防而非制裁的思路相违背。因此，我国需要探索建立矫治未成年人不良行为和严重不良行为的多样化干预体系，针对未成年人不良行为的形式、出现的阶段和个性需要增加社区劳动、特殊教育项目等多样化的措施，以提高矫正效果。

① 姚建龙著：《长大成人：少年司法制度的建构》，中国人民公安大学出版社2003年版，第136页。

第三章 未成年人犯罪处罚的理论基础

第一节 未成年人犯罪处罚的功能和目的

一、未成年人刑罚的功能

刑罚功能，是指国家制刑、量刑及行刑对社会与社会成员可能产生的积极作用，它在刑罚理论中占有重要的地位。从刑罚功能的论述方法上看，主要有总论法和分论法。

所谓总论法，一般不划分刑罚功能的类别，而是从总体上把握。其中，一种观点认为，刑罚功能包括报复绥靖功能、保安功能、赎罪功能及预防功能；① 另一种观点认为，刑罚功能包括剥夺功能、改造功能、感化功能、威慑功能、鉴别功能、补偿功能、安抚功能及鼓励功能。②

所谓分论法，即按刑罚对不同对象的功能而分别归类加以论述。分论法的基本观点是：其一，将刑罚功能一分为二，即个别

① ［日］西原春夫著：《刑法的根基与哲学》，顾肖荣等译，上海三联书店1991年版，第30页。

② 高铭暄主编：《刑法学原理》（第3卷），中国人民大学出版社1994年版，第32～44页。

预防功能和一般预防功能，个别预防功能包括剥夺或限制再犯能力，个别鉴别、感化，个别威慑与改造；一般预防功能包括：刑罚对潜在犯罪人的功能，对受害者的作用，对其他守法者的作用。[①] 其二，将刑罚功能一分为三，即对犯罪人的功能，包括否定功能和改造功能；对社会方面的功能，包括威慑功能、教育功能和鼓励功能；对被害人的功能是抚慰功能。[②]

近年来，未成年人犯罪低龄化，手段暴力化、智能化，犯罪形式团伙化，数量不断上升，危害性日益严重，已成为全球性的严重社会问题，引起国际社会及世界各国的广泛关注。同时，由于未成年人的生理、心理都处在生长发育阶段，辨认和自控能力差，容易被诱惑走上犯罪道路，有可宽恕的一面；可塑性大，容易接受教育可改造，有可宽大的一面。下面，结合未成年人特点，通过对刑罚功能的分析，阐述我国刑法功能对于未成年人刑罚的适用。

除改造功能外，刑罚的其他功能并不要求对未成年犯罪人适用相对特殊的刑罚。因为无论刑罚如何适用，只要处以刑罚，即是对犯罪人的一种否定，同时对潜在的犯罪人起到威慑、教育作用，鼓励社会成员同犯罪作斗争，抚慰被害人及其亲友。因此，刑罚的否定功能、威慑功能、教育功能、鼓励功能和抚慰功能很容易实现。而对未成年犯罪人如何适用刑罚以期真正实现刑罚的改造功能，是需要研究的问题。

改造功能是刑罚的主要功能，国外学者一般称之为对罪犯的矫正（correction），它主要在刑罚的执行阶段实现。根据我国的

---

① 邱兴隆、许润章著：《刑罚学》，群众出版社 1988 年版，第 72 ~ 79 页。

② 谢望原著：《欧陆刑罚制度与刑罚价值原理》，中国检察出版社 2004 年版，第 287 ~ 288 页。

刑罚制度，改造功能一般体现为以下两方面：一是通过强迫劳动，使犯罪人获得靠诚实劳动为生的信念；二是通过强制教育，使犯罪人获得相应的文化技术知识，为他们回归社会奠定文化技术基础。相对成年人而言，改造功能对于未成年犯罪人尤为重要。但在监禁状态下的强制劳动和学习，对未成年犯罪人的效果显然不好。结合未成年人的特点，应当突出教育、学习改造，弱化劳动改造。处理未成年人犯罪案件，在刑罚适用上采用严格的罪刑法定主义，对未成年人犯罪使用“压制和惩罚手段”，进行“普遍遏制”的做法固然不利于保护未成年人的基本权利。

鉴于此，为了更好地针对未成年人的特点实现刑罚的改造功能，应当区别情况予以处理。在肯定总的未成年犯罪人的刑罚适用原则，即从轻、减轻适用原则的基础上，以行为的性质来确定刑罚的适用。如果未成年犯罪人的行为系常习性行为，由于其人格重塑的余地不大，较难矫正其犯罪习性，此时教育的作用不会很大，因此应采用较为激烈的压制和惩罚方法，并辅以强制教育和帮助手段，以期收到普遍遏制的效果。如果是一次性犯罪行为(偶犯)，则宜主要采取轻缓化、非监禁化的刑罚方法适用之，对未成年犯罪人进行教育和帮助，以期达到逐个瓦解，塑造其适应社会的人格改造目的。我国目前的刑罚制度中，除了缓刑这一适用于各种犯罪人的轻缓化刑罚方法外，尚未有专门针对未成年人的非监禁化的刑罚制度。而绝大多数西方国家都有多种针对未成年犯罪人的轻缓刑罚方法，在英国，对少年犯的非监禁刑罚达11种之多，包括罚金、缓刑、社区服务、复合命令（将缓刑和社区服务结合）、电子监控、赔偿、有条件的解除指控、完全解除指控、责令犯罪人行为平和守规矩、判决暂不生效、警察警告等。①

二、未成年人刑罚的理念

多年前，美国斯坦福大学心理学家詹巴斗进行过一项实验，他找了两辆一模一样的汽车，把其中的一辆摆在帕罗阿尔托的中产阶级社区，而另一辆停在相对杂乱的布朗克斯街区。停在布朗克斯的那一辆，他把车牌摘掉了，并且把顶棚打开。结果这辆车一天之内就被人偷走了，而放在帕罗阿尔托的那一辆，摆了一个星期也无人问津。后来，詹巴斗用锤子把那辆车的玻璃敲了个大洞。结果仅仅过了几个小时，它就不见了。以这项实验为基础，政治学家威尔逊和犯罪学家凯琳提出了一个“破窗理论”。理论认为：如果有人打坏了一个建筑物的窗户玻璃，而这扇窗户又得不到及时的维修，别人就可能受到某些暗示性的纵容去打烂更多的窗户玻璃。久而久之，这些破窗户就给人造成一种无序的感觉。结果在这种公众麻木不仁的氛围中，犯罪就会滋生、猖獗。

“破窗理论”同理可以适用于未成年人犯罪刑罚方面。未成年人之所以走上犯罪的道路，有这一年龄阶段生理个性上的原因，但更主要的是缺乏家庭、社会应有的理解、沟通与关心。如果刑罚对犯罪的未成年人不给予加倍的保护，这些未成年人将会带着一颗伤痕累累的心与仇恨社会的顽固倾向走向自我毁灭的深渊。因此，日本刑法学家大塚仁指出：“作为20世纪的立法动向，必须注意的是对少年犯罪采取了与成人相区别的特别对待。”② 这

① 王运生、严军兴著：《英国刑事司法与替刑制度》，中国法制出版社1991年版，第73~75页。

② ［日］大塚仁著：《刑法概说（总论）》，冯军译，中国人民大学出版社2003年版，第41页。

种特别的对待首先就表现在对未成年犯罪人施加刑罚应坚持保护与教育的基本理念。

（一）刑罚的保护

刑罚的保护意味着承认犯罪的未成年人是特殊的个体，是需要长期不懈的关心与爱护并给予其充分的发展空间的个体。保障他们的健康成长是一个国家和社会义不容辞的责任和使命。保护理念起源于古罗马法的国家亲权理论，后来被英美法系继承和发扬并深刻地影响着各国少年法制进程。美国著名的少年法院运动代表人物朱利安·马克法官曾深刻地指出："为什么我们不应像贤明和慈悲的父亲对待其错误尚未被当局发觉的子女那样对待没人管的儿童呢？这样处理少年犯又有什么不正确、不恰当呢？国家的责任不应该只限于查问这个男孩或那个小姑娘是不是犯了哪种罪，而应该进一步查明他在身体、精神、道德方面是什么情况。如果发现他走向犯罪道路并被控告，则不应一味地予以处罚，而应该实行改造：不是让他从此堕落下去，而是要叫他振奋起来；不是要把他摧垮，而是要他发展；不是要把他变为罪犯，而是要把他造就成为有益于社会的公民。"① 可见，对于犯罪的未成年人，保护他们一方面正视了他们的特殊性，另一方面又唤醒了国家的责任，它既是对过去的怜悯，又是对未来的期望。但是，保护与宽容不同，保护如果缺乏教育的帮助就会蜕变成纵容。我们不仅要肯定未成年人个性中的消极因素，而且要通过耐心的刑罚教育使其转变为积极的因素。

（二）刑罚的教育

刑罚的教育，就是通过法律对犯罪的否定这种道德评价，让

① 吴作群等：《少年刑事犯罪案件中社会调查员制度的构想与实践》，载《人民司法》2003 年第 11 期。

未成年人清醒地意识到自己的行为是与人类的秩序背道而驰的，这种自我批判正是理性的本性。由此，借助刑罚的实施，就在未成年人心中树立起了犯罪与恶的稳固联系，强化了他们判断是非的能力，抑制并净化其邪恶思想，找到实现自我的正当途径。更重要的是，刑罚告诉了未成年人必须对自己自由选择的行为负责。教育刑论把将犯罪人教育改造成为弃恶从善、复归社会的新人，看做是最高人道主义。日本刑法学家牧野英一曾说："刑罚的理念在教育，刑法乃至行刑的改革应试在这种理念的指导下进行。"① 但是，在此必须强调的是，刑罚的教育必须以一定的强制为前提，没有相应的强制措施作为保障，刑罚的教育是不可能实现其效果的。换句话说，刑罚的教育离不开其作为一种刑罚方式所天生具有的特性：惩罚。正如帕克所说："当谈论矫正时，对'刑罚'……无论改造的目的如何仁慈，无论我们如何期待其目的更好，都不存在这样的不可否认的事实，即我们以改造的名义对罪犯所做的都是通过强制并且是为了我们的理由而被做，而不是为了他的理由而被做。但是，只要矫正的发动取决于犯罪被实施这一事实，并且只要其目的是防止犯罪的实施，它便是惩罚的目的。"② 在教育刑论的影响下，对少年犯罪人的刑罚逐渐与对成年犯罪人的刑罚区分开来，并趋向缓和，尽管依然是惩罚，但程度较轻，为的就是不要让未成年人对刑罚产生反抗或拒不接受教育，更不能让未成年人由于受到刑罚而对自己绝望。保护与教育是紧密相连的，只有以教育为理念，才能通过刑罚的设置、裁量与执行把这种理念展示出来，从而变成一种现实的力量

① 马克昌主编：《近代西方刑法学说史略》，中国检察出版社 2004 年版，第 286 页。

② 邱兴隆著：《关于惩罚的哲学》，法律出版社 2000 年版，第 168 页。

对未成年犯罪人进行潜移默化的改造。

三、未成年人刑罚的目的

所谓“刑罚目的”，是指国家制定、适用、执行刑罚的目的，也即国家的刑事立法采用刑罚作为对付犯罪现象的强制措施及其具体适用和执行所预期实现的效果。未成年人犯罪刑罚适用的目的，就是国家通过行使刑罚权对未成年犯罪主体科处刑罚所要达到的预期效果。刑罚的目的是刑法理论界长期争论的焦点。在各种争论观点中，有惩罚说、改造说、双重目的说、三目的说、预防与消灭犯罪说、根本目的与直接目的说等多种学说。[①] 著名刑法学家贝卡里亚在其名著《论犯罪与刑罚》中指出：“刑罚的目的既不是要摧残折磨一个感知者，也不是要消除业已犯下的罪行，仅仅在于阻止罪犯再重新侵害公民，并规诫其他人不要重蹈覆辙。”[②] 所以，现在为大多人接受的关于刑罚目的的传统观点是预防说，认为刑罚是以预防犯罪为主要目的，具体表现为特殊预防与一般预防。

刑罚目的的这两个方面存在一定的差别，主要体现在，特殊预防认为刑罚的目的在于防止已经被科处刑罚的人将来再实施某种犯罪行为，防止这些人再次危害社会，是以现实的犯罪人为作用对象。而一般预防的目的则是预防社会上一般人犯罪，因为犯罪大都由贪欲所引起，国家制刑、判刑和行刑就是用以使人们知道受刑之苦，大于犯罪所得的贪欲满足，以致知所畏惧，不敢触犯刑律，是以潜在的犯罪人为作用对象。由于作用对象上的这种

---

① 参见夏宗素主编：《狱政法律问题研究》，法律出版社 1997 年版，第 72 ~ 73 页

② ［意］贝卡里亚著：《论犯罪与刑罚》，黄风译，中国大百科全书出版社 1993 年版，第 65 页。

差别，有时就产生了特殊预防与一般预防之间的矛盾。

若强调一般预防，则势必增大刑罚的严厉程度，但这却容易引起罪犯不服罪、抗拒劳改的心理，从而不利于罪犯的劳动改造；若强调特殊预防，则应该尽量缓和刑罚的严厉度，增加缓刑、假释的适用，但这又会削弱一般预防的作用。在现行刑法中总是以一般预防与特殊预防作用作为刑罚目的不可分割的两个组成部分，在其运行中，总是要兼顾一般预防与特殊预防，使两者都得以充分体现。

未成年人犯罪刑罚适用的目的也是预防犯罪，但基于未成年人犯罪的特殊性，应该将预防的重点放在特殊预防上，即对未成年犯进行教育、感化，使之改恶从善、重塑良好的人格。由于未成年人自身特殊的生理、心理特点，其主观心理上表现为法律意识淡薄，自控能力差，往往为一时的感情冲动所左右，丧失理智、不计后果，为满足一时之私欲而不惜以身试法，因而多表现为初犯、偶犯、从犯、胁从犯，具有可塑性、较易改造等特点，这就决定了一般预防对未成年人犯罪的局限性。未成年人对法律的无知，对自己行为的失控，难以期望刑罚对其发生威慑作用。因此，未成年人刑罚适用的目的，应以特殊预防为主、兼顾一般预防，着重解决好如何通过适用刑罚，教育、感化失足未成年人，最终达到挽救未成年罪犯，防止其重新犯罪的目的。

第二节　未成年人犯罪处罚的价值取向

一、未成年人犯罪的特殊性

刑罚的惩罚性和严厉性这些基本属性，使得刑罚对社会心理和个人心理起到威慑的效应，从而使人们能够远罪避害，使潜在的犯罪人打消犯罪意图，并预防犯罪的发生。但是，刑罚并不是威力无穷的，对不同的个体效力不同，特别是对未成年人这一特殊的群体。

刑罚的价值取向是人们以未来的或待修订的刑法为对象，是人们对未来法的期望或理想。21 世纪刑罚的价值取向为慎刑，①要求在适用刑罚时遵循两个原则：罪刑均衡原则及刑罚个别化原则。罪刑均衡原则，是指刑罚要与犯罪相均衡；衡量犯罪社会危害性的尺度是对社会的危害；刑罚实施的方式与犯罪相适应。②刑罚个别化的基本含义是根据犯罪人的个人情况，有针对性地规定和适用刑罚，以期有效地教育改造犯罪人，预防犯罪再次发生。这一原则是刑法的基本原则之一。③

各国在刑罚理论和实践中进行了许多探索，以罪刑均衡原则、刑罚的个别化原则强调对未成年人的特殊保护，恰当地对未成年犯罪人适用刑罚。未成年人与成年人适用刑罚不同，因为未成年人犯罪与成年人犯罪相比，有很大的特殊性。具体表现在：

（一）犯罪主体的特殊性

未成年人犯罪的主体是作案时已满 14 周岁未满 18 周岁的未成年人。相比成年人来说，未成年人身心不成熟，头脑相对简单，辨别和控制行为的能力较弱，社会生存能力较差，具有辨别是非能力不强，喜欢抱团聚群的特点，又容易受其他人的操纵和唆使。

---

① 包雯、李玉华等著：《21 世纪刑罚价值取向研究》，知识产权出版社 2006 年版，第 45 ~ 81 页。

② 包雯、李玉华等著：《21 世纪刑罚价值取向研究》，知识产权出版社 2006 年版，第 59 页。

③ 曲新久著：《刑法的精神与范畴》，中国政法大学出版社 2000 年版，第 474 页。

（二）犯罪主观方面的特殊性

由于未成年人的身心特点，使得未成年人的犯罪动机往往具有偶然性，较少预谋，盲目讲求江湖义气，缺乏正确的是非观念，盲从色彩浓厚，后果考虑较少，主观恶性较成年人弱。

（三）犯罪客体的特殊性

犯罪客体实质上就是刑法所保护的法益。尽管当前未成年人犯罪侵犯的客体有进一步扩大的趋势，但总的来说，相对于成年人来说，未成年人犯罪侵犯的客体较为集中、范围较为狭窄，这也在一定程度上说明未成年人的犯罪能力有限，对社会的危害程度存在局限性。

从上述未成年人犯罪主客观方面的分析可以看出未成年犯罪人与成年犯罪人有很大不同。主要由于，未成年人还处于生理、心理的发育阶段，各方面都不很成熟，思想幼稚单纯，缺乏辨别是非的能力，自我控制能力差，对客观环境具有易感性。他们走上犯罪道路虽有主客观两方面的因素，但往往主要是受客观因素，即家庭、学校和社会的消极方面的影响。也就是说，在未成年人犯罪中，加害和受害是同时存在的，未成年人在作为加害人实施犯罪的同时，他们自己事实上也是受害人。

生理年龄与心理年龄的不成熟导致其对于自己的犯罪行为后果预见性不强，自我保护能力的缺乏使得他们在面对社会各种诱惑时不知所措。这种特征靠法律的强制是不能够改变的。因而，在刑事责任的承担上，倘若采用针对成年犯罪人的刑罚手段简单、直接地适用于未成年犯罪人，并不能有助于未成年人犯罪问题的真正解决，未成年人与成年人必须区别对待。因而，对未成年人就事论事地定罪量刑既显得不公正，也不利于综合治理未成年人犯罪，更不利于保护未成年人健康成长。

二、未成年人犯罪刑罚的基本价值取向

正是基于上述考虑，未成年人刑罚制度的基本价值取向应当是强调对犯罪未成年人的保护和教育，而不是报应和惩罚。这种对犯罪未成年人的保护和教育，是对犯罪未成年人的一种适度的干预，旨在着眼未来，为犯罪未成年人重新适应社会的要求提供必要的帮助和条件，而不是着眼于对其犯罪行为的事后回顾和报应。

未成年人刑罚价值的基本取向具体体现在以下两个方面：

（一）对犯罪未成年人的保护

对犯罪未成年人的保护目的是保护犯罪未成年人的利益。在处理未成年人犯罪问题时，应以未成年人的利益为第一位，并在这一前提下追求与社会利益的统一与均衡。刑罚的目的之一为保护社会利益，是司法追求的目标。但在未成年人的利益与社会利益相冲突时，在一定程度上未成年人的利益应当优于社会利益而予以保护。鲁迅先生说过："童年的情形，便是将来的命运。"我国有3.67亿18岁以下的未成年人，他们的情形将关系到祖国的前途、民族的未来。从某种意义上来讲，保护未成年人的利益，可以更好地保护社会的利益。当刑罚以此为价值取向时，关注的焦点就由犯罪行为转移至犯罪人，刑罚的使命主要由惩罚犯罪转向教育改造犯罪人以减少犯罪。①

如何才能最大程度地保护未成年犯罪人的利益，应当采取以下两个措施：

---

① 王运声、谢圣华：《未成年人犯罪刑罚价值取向探索》，载《人民司法》2003年第8期。

1. 对未成年犯罪人慎刑

未成年人的生理、心理发育不成熟，不具备完全的认知能力和辨别是非的能力，对未成年人犯罪社会和家庭也应承担一定的责任。所以对触犯刑罚的未成年人一律适用刑罚，不符合人道主义的原则。而且，未成年人是国家的未来，代表人类的希望，他们的健康成长有利于国家和民族，因而从这一层面来讲，也应当给未成年人以特别的关注。因此，对未成年犯罪人慎用刑罚，应当尽量采用教育性手段，刑罚应当作为一种不得已而为之的手段。

2. 对未成年犯罪人适用宽缓的刑事政策

一个国家的刑事政策往往在一定时期同时体现出严厉的刑事政策和宽缓的刑事政策两个方面。严厉的刑事政策通过提高刑期、扩大犯罪主体、扩大罪的适用范围，加重某些犯罪的刑事责任等方式，增加打击犯罪的力度，以此打击犯罪。通过施行严厉的刑事政策，在某一特定的时期，符合人民的利益，也确实取得了一定的成效。但是，严厉的刑事政策并不适合未成年人犯罪。司法实践表明，对未成年人犯罪，“下猛药”的做法，治标不治本。预防和有效遏制未成年人犯罪是一个复杂、系统的工程，是全社会的责任，需要多管齐下，综合治理。

治理未成年人犯罪的关键是应加强教育和预防。对犯罪的未成年人，应当强调教育保护的理念，坚持对未成年犯罪人实行教育、感化、挽救的方针，着眼于挽救，坚持教育为主、惩罚为辅的原则。对失足的未成年人，要积极为他们创造条件，促进改造，而不是根据未成年人的犯罪行为进行惩罚。当然，这并不是说，对未成年人犯罪一味追求保护和宽大，宽缓的刑事政策也应当恰如其分，过分的宽大和保护易演变成放任和纵容，不利于预防犯罪，即宽容而不纵容。[①]

（二）强调对未成年人施以教育刑

重刑主义不可能根治犯罪。针对重刑威吓论不可克服的缺陷，贝卡里亚、边沁等提出教育刑思想，他们注意到刑罚与预防犯罪的关系，他们的论述被称为古典教育刑理论。真正阐述现代教育刑理论基本思想的是德国学者李斯特。他认为犯罪的原因来源于个人与社会两个方面，消除犯罪的社会原因是一般的社会政策的任务。

刑罚的本质应该是教育而非惩罚。为了获得刑罚的教育效果，应区别对待受刑人并运用各种手段以达到使受刑人改过，不再犯罪的目的。教育刑制度，是指在保持刑罚惩罚性的本质属性的基础上，教育犯罪人不再犯罪的刑罚制度。刑罚教育要有意识地利用刑罚的特性，以罚为载体，把刑罚预防的重点转移到以个别预防为主，兼顾社会预防上来。教育刑论认为犯罪是不良社会环境的产物，国家应当用刑罚来教育改善他们，使其尽快地复归社会，刑罚的目的就是在于矫正、教育和改造犯罪人，以保卫社会。[②] 从实践层面来看，未成年人进入监狱，容易产生“交叉感染”，并不利于其改造。未成年人在人生履历上一旦添加上犯罪的污点，就很难避免家庭、学校和社会的排斥，教育、挽救、感化、威慑等措施将失去成效，继续犯罪极有可能成为其唯一的选择。因此，国家追究犯罪的未成年人刑事责任的目的，并不是为单一地惩罚他们，而是要通过刑罚的合理适用，来教育、感化、挽救他们，使之能够健康地回归社会。

---

① 欧阳晨雨：《未成年人犯罪立法：当宽容而不纵容》，载《社会观察》2006年第5期。

② 马克昌主编：《刑罚通论》，武汉大学出版社2002年版，第493~494页。

第三节 未成年人犯罪处罚的原则

成人司法的人性假设是理性人，而少年司法则因为主体的社会化程度而只能做“感性人”的人性假设。所以，对待“感性人”不能简单地采用“自由意志”的“理性判断”。少年的特殊性决定了他们需要与成人全然不同的理念和规范来规范，[①] 即对未成年人的司法处遇要有特殊的原则。

一、从宽处罚原则

该原则又称为“对未成年人犯罪从轻、减轻处罚”原则。从宽处罚原则就是对未成年犯适用刑罚时较之成年犯要减轻或者从轻处罚，既包括在刑种选择上的从宽和刑罚上的从轻、减轻，也包括在行刑时的从宽。对未成年犯比照成年罪犯从轻或减轻处罚，是因为未成年犯同成年犯相比，一方面未成年犯主观恶性不深，认识是非能力弱，犯罪往往受外界的不良影响，另一方面未成年犯世界观尚未定型，可塑性大，其犯罪心理结构薄弱，只要引导正确，容易改邪归正，弃暗投明。另外，刑罚对未成年犯所引起的心理效应也有自身的特点，未成年犯被判刑后，内心震动很大，其恐惧羞愧心理较成年犯强烈。适度从宽处罚，能收到较好的刑罚正效应。对未成年人从宽处罚已成为世界各国少年司法的一项通则。我国当然也不例外。

在我国古代刑法制度中，就对未成年犯罪人采取从宽于成年犯罪人的刑罚制度。例如，《周礼·秋官·小司寇》载有“一赦

---

① 皮艺军：《中国少年司法理念与实践的对接》，载《青少年犯罪问题》2010年第6期。

曰幼弱，再赦曰老耄，三赦曰蠢愚”的三赦制度；到战国初年，《法经》中有“罪人年十五以下，罪高三减”的规定；自汉代起，对幼年减免刑罚的恤刑制度开始有统一明确的规定，分三种情形对未成年的幼弱之人犯罪减免刑罚。汉代以后的魏晋南北朝各代，大致沿用汉制又加损益，至隋唐时代则在律典明定老幼疾废减免刑罚的统一制度，宋元明清各代的律典对之沿而不改。1957 年最高人民法院、司法部便在《关于城市中当前几类刑事案件审判工作的指示》中规定：“对未成年犯，必须贯彻教育为主，惩罚为辅的方针。对于罪行严重或恶习已深、屡教不改的未成年犯罪分子应当依法判处适当的刑罚，强制改造；但应当比照十八周岁以上的成年人同类犯罪从轻或减轻处刑。对于恶习不深、罪行较轻，本应判处短期徒刑的未成年犯，如果是有人能够负责管教的，可以采取缓刑的办法，交其家长、监护人或是所属机关、团体、学校，严加管教……如果无家可归或家庭实在管教不了、要求政府帮助教育的，可由有关部门收容，教育改造。”初步确立了我国对未成年人犯罪从轻、减轻处罚的原则。

我国 1979 年《刑法》与 1997 年《刑法》第十七条第三款都明文规定：“已满十四周岁不满十八周岁的人犯罪，应当从轻或者减轻处罚。”在法律条文中，从轻或减轻处罚是“应当”而不是“可以”，也就是说这是一硬性规定，没有任何弹性。

最高人民法院《关于办理未成年人刑事案件适用法律的若干问题的解释》第三条第（二）项规定：“对未成年犯罪依法从轻处罚，应当在法定刑范围内判处相对较轻的刑种或相对较短的刑期；依法减轻处罚，应当在法定最低刑以下判处刑罚。在具体量刑时，不但要根据犯罪性质、犯罪情节，如犯罪手段、时间、地点、侵害对象、犯罪形态、后果等，而且，还要充分考虑未成年人犯罪的动机、犯罪时的年龄，是否初犯、偶犯或惯犯，在共同犯罪中的地位和作用，犯罪后有无悔罪表现，个人一贯表现等情况，决定对其适用从轻处罚还是减轻处罚，以及从轻处罚或者减轻的幅度，使判处的刑罚有利于未成年罪犯改过自新及健康成长。”这一规定包含了以下几层意思：（1）对未成年犯罪人从轻或减轻处罚没有任何弹性的规定，在任何情况下都必须遵守。（2）在任何情况下都不能对未成年犯判处其所触犯罪名的法定最高刑，而只能在该罪的法定刑幅度内选择较轻的刑种或较短的刑期，乃至在法定最低刑以下处以刑罚。（3）从轻或减轻处罚的情节是未成年人因年龄因素而设立的法定从宽情节，此情节与其他从宽情节不发生任何抵触，可以一并适用。（4）从轻或减轻处罚情节具有普遍适用性，不论是对危害严重的刑事犯罪，还是一般的刑事犯罪均可以适用，不受犯罪性质的限制。

在司法实践中，在对未成年犯量刑时，还体现了以下两个方面的问题：一是对于已满 14 周岁不满 18 周岁的未成年人犯罪，在适用从轻或减轻处罚原则时，应分为两个年龄段分别对待，即对已满 16 周岁不满 18 周岁的未成年人犯罪的，可以直接按照应当从轻或减轻处罚的原则处理，而对于已满 14 周岁不满 16 周岁的未成年人犯罪的，则应当首先考虑减轻处罚，只有在出现不应当减轻处罚的情形时，方可以从轻处罚。这是因为：对年仅十四五岁的未成年犯，首先考虑减轻处罚，既符合这一年龄段的未成年犯的刑事责任能力特点，又符合我国刑罚实施的根本目的，同时也便于考虑适用轻刑，避免与已满 16 周岁不满 18 周岁的未成年犯在刑罚适用上的不平衡。二是在对未成年犯适用刑罚的过程中，还应当考虑有无其他法定、酌定从轻情节，使未成年犯得到更宽大的处理。

二、不适用死刑原则

死刑只适用于罪大恶极的犯罪分子。而我国始终一贯的未成年人刑事政策是坚持“教育、感化、挽救”的原则，对未成年罪犯不适用死刑这一原则早在新中国成立初期便基本确定下来。例如，20世纪50年代初公安部作出关于处理女犯、少年犯、老年犯和病残犯的指示中明确指出：对于18岁以下的少年罪犯，即使情节严重，罪当处死，也不能处死，可实行强迫教育，强迫劳动，进行改造。应当教育全体公安干部了解，这些少年犯是可以改造的，也必须进行改造。我国1979年《刑法》第四十四条则规定，犯罪的时候不满18岁的人，不适用死刑。已满16岁不满18岁的，如果所犯罪行特别严重，可以判处死刑缓期二年执行。这一规定在立法上有一定的倒退，但根据这一规定，可以看出：（1）犯罪的时候不满16周岁的人（已满14周岁才负刑事责任），不管所犯罪行如何严重，都不能适用死刑（包括死缓）。（2）已满16周岁不满18周岁的人犯罪，原则上也不适用死刑，只有当其“所犯罪行特别严重”才“可以”判处死刑缓期二年执行，而不可以判处死刑立即执行。所谓“所犯罪行特别严重”，是指实施杀人、重伤、抢劫、放火、惯窃或者其他严重破坏社会秩序罪情节特别恶劣和后果特别严重的行为。（3）即使在符合“已满16周岁”和“所犯罪行特别严重”双重条件下，也不是“必须”判处死刑缓期二年执行，而是“可以”判处死刑缓期二年执行。（4）在司法实践中，对已满16周岁不满18周岁的未成年人判处死刑缓期二年执行的，只要其在两年死缓期间不是抗拒改造情节恶劣、后果严重的，一般都不会执行死刑，如果在死缓期间确有悔改或立功表现，两年缓刑期满，还可依法减刑。也就是说，1979年《刑法》虽然没有从立法上保证对未成年人不适用死刑，但在实际的司法实践中却基本上保证了这一点。正是从对未成年人保护的角度出发，以及根据司法实践的经验总结，我国1997年《刑法》在第四十九条中明确规定："犯罪的时候不满十八周岁的人……不适用死刑。"

三、相称原则

《联合国少年司法最低限度标准规则》（"北京规则"）第五条"少年司法的目的"中规定："少年司法制度应强调少年的幸福，并应确保对少年犯作出的任何反应均应与罪犯和违法行为情况相称。"第十七条"审判和处理的指导原则"第一款（a）项又规定："采取的反应不仅应当与犯罪的情况和严重性相称，而且应与少年的情况和需要以及社会的需要相称。"根据上述规定，相称原则是指未成年人承担的刑事责任不仅与其犯罪行为的严重程度相称，而且要与未成年人自身的情况和社会的需要相称。这一原则作为处理未成年人犯罪的特有原则，是人类在面临日益严重的未成年人犯罪现象，从关注人类自身的生存条件以及社会可持续性发展的角度出发对未成年人犯罪控制问题进行反思的成果，它蕴涵着对未成年人的特殊刑罚价值观念和对未成年人犯罪特点的准确把握，为解决对未成年犯罪人是帮助、教育还是压制、惩罚，是根据个案情况作出反应还是基于保护整个社会作出反应等矛盾提供了科学依据。

相称原则是减少刑罚负效应、有效改造未成年犯罪人的需要。未成年人的辨别能力与控制能力是很不稳定的，因此其行为具有冲动、草率、懵懵懂懂的特点。但这从另一个方面说明未成年犯罪人可塑性强，易于接受教育感化。另一方面，刑罚虽然具有积极的功能，在抗制犯罪中发挥着不可或缺的作用，但是刑罚也存在诸多负面效应，同时刑罚的运行代价极为高昂。尤其在目前监狱管理尚未达到理想水平的现实情况下，未成年人在监狱里容易受到“交叉感染”；相对于成年人而言，其获得教育、学习生存技能的机会较少，释放后，以其不健全的受教育经历参与正常的社会竞争，大多处于劣势，加之社会的排斥与拒绝，极易因生存原因而再次实施犯罪。相称原则主张对未成年犯罪人尽可能少用惩罚性手段、多用刑罚替代手段和其他教育性手段，这有利于减少刑罚对于未成年犯罪人的负效应，促进未成年犯罪人的改造，有效预防未成年人犯罪。

四、双向保护原则

在追究未成年犯罪人刑事责任的过程中，既要注意保护社会利益又要注意保护未成年人权益，作为矛盾的两个方面都要兼顾。为了达到对社会和未成年人的兼顾保障，《联合国少年司法最低限度标准规则》（“北京规则”）第十七条第一款（a）项明确提出，对未成年犯罪人采取反应，“……应当与少年的情况和需要以及社会的需要相称”。《儿童权利公约》在第四十条中也有类似的规定，从而确立了未成年人司法中一项最为重要的原则，即兼顾社会利益与未成年犯罪人利益的双向保护原则，而且这一原则也为我国的司法实践所遵循，最高人民法院先后出台的《关于办理未成年人刑事案件适用法律的若干问题的解释》、《关于审理未成年人刑事案件的若干规定》等司法解释，实现了对未成年犯罪人的特别保护与维护社会正义的协调统一。

双向保护原则强调要重视对未成年人的保护，由于未成年人的生理和心理特点，对犯罪的未成年人应当采取有别于成年犯罪人的司法原则，以使犯罪的未成年人能够改邪归正，改造成具有正常社会人格的合格公民，化消极因素为积极因素。双向保护原则是迄今为止未成年人司法最为重要的一项原则。此外，该原则还强调在对未成年人追究刑事责任的基础上，还应当注意保护社会利益。未成年人犯罪毕竟危害了社会利益，社会为了自身的生存发展，必然要作出相应的自卫反应，而刑罚就是受到危害的社会对犯罪的未成年人进行自卫的一种有效手段。否则，稳定的社会秩序和经济发展将不能得到有效的保障。从维护社会根本的、长远的利益的角度上讲，双向保护原则也为社会所必需。

五、尽量使用缓刑原则

考虑到未成年人可塑性强，易于接受教育和改造，因此无论是司法界还是理论界几乎一致认同应当放宽未成年人的缓刑适用条件。

根据2011年2月25日发布的《刑法修正案（八）》第七十二条和第七十四条的规定，可以适用缓刑的条件有三个：（1）犯罪分子必须被判处拘役或者3年以下有期徒刑的刑罚；（2）犯罪分子不是累犯和犯罪集团的首要分子；（3）犯罪分子犯罪情节较轻、有悔罪表现、没有再犯罪的危险以及宣告缓刑对所居住社区没有重大不良影响的。这三个条件必须同时具备，缺乏其中任何一个条件都不能适用缓刑。但对符合这三个条件的不满18周岁的人，应当宣告缓刑。该立法倾向上显然有利于未成年人，体现了对未成年犯尽量适用缓刑的精神。

第四章　未成年人犯罪适用刑罚种类

第一节　我国未成年人犯罪适用刑罚的现状

一、当前我国未成年人犯罪处罚的现状

我国历来非常重视未成年人犯罪和处罚问题，早在1991年9月就专门制定了《中华人民共和国未成年人保护法》，并于1999年6月出台了《中华人民共和国预防未成年人犯罪法》，这些法律法规与1997年修订的《中华人民共和国刑法》一起，对未成年人犯罪的处罚进行了较为基础和系统的规定。此外，在长期的司法实践中，最高人民法院、最高人民检察院和公安部针对未成年人犯罪案件办理过程中存在的问题，也不断总结相关经验，相继出台了一系列司法解释和相关规定。例如，1995年10月，公安部制定了《公安机关办理未成年人违法犯罪案件的规定》；2000年11月，最高人民法院出台了《关于审理未成年人刑事案件的若干规定》；2005年12月，最高人民法院制定了《关于审理未成年人刑事案件具体应用法律若干问题的解释》；2006年12月最高人民检察院出台了《人民检察院办理未成年人刑事案件的规定》。此外，2006年12月，全国人大常委会针对《中华人民共和国未成年人保护法》进行了修订，并于2007年6

月1日正式实施。通过以上法律法规和司法解释的颁布实施，我国对未成年犯罪的处罚措施初步形成了以刑罚为主、非刑罚处理方法为辅的处罚措施体系，并在司法实践中得以适用。

现阶段，我国针对未成年人犯罪的处罚主要有刑罚和非刑罚两种处理方法。

（一）刑罚

所谓刑罚，是指刑法规定的由国家审判机关依法对犯罪分子所适用的剥夺或者限制其某种权益的最严厉的法律强制方法。[①]刑罚包括主刑和附加刑两大类。主刑有管制、拘役、有期徒刑、无期徒刑和死刑等措施，附加刑有罚金、剥夺政治权利、没收财产、驱逐出境等措施。由于《刑法》第四十九条规定对未成年人不适用死刑，且驱逐出境只适用于犯罪的外国人，故能对我国未成年人犯罪适用的刑罚就只有管制、拘役、有期徒刑、无期徒刑、[②] 罚金、剥夺政治权利、没收财产这几类措施了。

（二）非刑罚处理方法

所谓的非刑罚处理方法，是指对有轻微犯罪行为的未成年人，有关的处理机关从教育角度出发，按特定程序给予的行政性或社会性处置。[③]《刑法》第三十七条规定，对于犯罪情节轻微不需要判处刑罚的，可以根据案件的不同情况，予以训诫或者责

① 马克昌主编：《刑罚通论》，武汉大学出版社2002年版，第35页。

② 对未成年人是否可以适用无期徒刑，理论上还有争议。有一种理论认为，由于刑法第十七条第三款规定未成年人犯罪应当从轻或减轻处罚，由于无期徒刑是没有刑期的刑种，不可能在无期徒刑的范围内实现从轻处罚，只能减轻处罚，故不能对未成年人判处无期徒刑。但最高人民法院《关于审理未成年人刑事案件具体应用法律若干问题的解释》第十三条明确规定未成年人犯罪只有罪行极其严重的，才可以适用无期徒刑。对已满14周岁不满16周岁的人犯罪一般不判处无期徒刑。

③ 徐建主编：《青少年法学新视野》，中国人民公安大学出版社2005年版，第321页。

令具结悔过、赔礼道歉、赔偿损失，或者由主管部门予以行政处罚或者行政处分。而《刑法》第十七条第四款规定，因不满16周岁不予刑事处罚的，责令他的家长或者监护人加以管教；在必要的时候，也可以由政府收容教养。在这里，训诫、责令具结悔过、赔礼道歉、赔偿损失、收容教养均是对未成年人犯罪的非刑罚处理方法。另外，有关行政法规还较明确地规定了工读教育及劳动教养等非刑罚处理方法。

我国对惩治未成年犯罪所采用的主要手段是以限制未成年犯罪人的人身自由为代价的监禁性措施，包括拘役、有期徒刑、无期徒刑、收容教养等，而很少采用不限制未成年犯罪人的人身自由的非监禁性措施。

二、当前我国未成年人犯罪处罚措施存在的主要弊端

（一）现行未成年人犯罪处罚措施惩罚性太强

未成年人犯罪的处罚措施必须顺应未成年人特殊的心理、生理特点，充分考虑他们实施犯罪行为的主客观原因。由于未成年人身心尚未完全发育成熟，很多违法犯罪行为的实施源于好奇、模仿或冲动，因而他们具有极大的可塑性。而我国现行的未成年人处罚措施，在立法上缺少对未成年犯罪人予以特殊保护的原则性规定，加上实践中对未成年人犯罪认识的误区以及传统观念的影响，导致非刑罚处理方法的实际适用很少。

（二）现行未成年人犯罪处罚措施内容单一

未成年人处罚措施的设计应针对他们的身心特点，体现教育、感化、挽救的原则，同时也应根据未成年犯罪人不同程度的主观恶性，建构多样化的处罚体系，以便在兼顾惩治与矫正、教育与挽救宗旨的基础上，增强处罚措施的针对性，从而促使犯罪的未成年人顺利回归社会。

（三）现行未成年人犯罪处罚措施缺乏系统性和可操作性

未成年人犯罪的处罚措施关系到理念、实体和程序等诸多方面，因而没有系统性的规定和相关立法的保障，难以运转并取得实效。国外未成年人犯罪的处罚措施多集中规定在独立的少年法中，在适用对象、适用主体、适用程序等方面都有专门表述。在我国，对未成年人犯罪的处罚措施除了刑法中规定的处罚措施外，还有少年教养、劳动教养、工读教育等方式。但是，这些处罚措施或者依附于成年人刑事法律而存在，缺乏独立性，难以适应对未成年人特殊保护的需要；或者散见于不同的法律、法规中，缺乏系统性，其间又缺少内在的联系机制和相关法律的规制，往往因为适用对象的差异和适用主体的分离，而在实际适用上大打折扣，以致现有的带有保护性的处罚措施难以发挥应有的作用。在司法实践中，由于部门内部程序设置上的不足使某些处罚措施难以对未成年犯罪人适用，使这些处罚措施缺乏可操作性。

在刑法上，作为犯罪主体的未成年人是指已满 14 周岁不满 18 周岁的公民。处于这一年龄阶段的人虽有一定的辨别、控制自己行为的能力，但终究还是未成年人，其生理、心理都处于发育之中，可塑性大，容易接受教育和改造。对此，2006 年修订的《未成年人保护法》第五十四条进行了明确规定："对违法犯罪的未成年人，实行教育、感化、挽救的方针，坚持教育为主、惩罚为辅的原则。"我们虽然坚持适用法律面前一律平等原则，但同时也要照顾到未成年人的特殊性，对未成年人犯罪的处遇应当和成年人有所区别，这样才能贯彻教育为主、惩罚为辅的原则。在世界刑罚日趋轻缓化、非刑罚化的形势下，对违法犯罪未成年人不能单纯地强调惩罚打击，而应该在我国现行的实践以及外国成功的制度的基础上进一步探索对未成年人犯罪的矫正措施制度，通过这种方式达成以下目的：一方面，约束、监督、控制未成年犯罪人，防止其重新犯罪；另一方面，教育、感化、帮助未成年犯罪人，促使其重返社会。

第二节　未成年人犯罪的刑罚种类

在我国刑法中，刑罚体系包括死刑、无期徒刑、有期徒刑、拘役、管制五种主刑和罚金、剥夺政治权利、没收财产三种附加刑。这些刑罚措施在未成年人犯罪中的适用，都有其特殊之处。

一、对未成年人绝对禁止适用死刑

由于死刑是一种原始而又残酷的刑罚，一种彻底放弃教育、感化犯罪人努力与责任的刑罚，它不符合少年司法矫正模式的要求，更与儿童最大利益原则的精神相悖，因此禁止对未成年人判处死刑自然成为联合国人权公约和少年司法准则中关于少年刑罚配置与适用的一项基本原则。例如，《儿童权利公约》第三十七条（a）项规定："对未满18岁的人所犯罪行不得判以死刑。"《联合国少年司法最低限度标准规则》（"北京规则"）第17.2条规定："少年犯任何罪行不得判处死刑。"《公民权利和政治权利国际公约》第六条第五款规定："对18岁以下的人所犯的罪，不得判处死刑……"《保护面临死刑者权利的保障措施》第三条规定，犯罪时未满18周岁的人不得判处死刑。《国内法与国际法下的未成年人刑事责任决议》第十条指出，死刑本身产生了与人权有关的某种严重问题，对犯罪时未成年的人不得判处死刑。与此相应，我国《刑法》第四十九条规定，犯罪的时候不满18周岁的人不适用死刑。我国刑法中对未成年人犯罪判处死刑的绝对禁止，是符合国际人权法的要求的。

中国各朝代并不乏对于未成年人免予死刑适用的规定。例如，《唐律》曾经规定，“七岁以下，虽有死罪，不加刑”。但纵观中国刑事立法的发展历史，首开对于18岁以下之未成年人犯罪不得判处死刑之立法先河的当属1935年的《中华民国新刑法典》。该《刑法典》第六十三条规定，未满18岁人……犯罪者，不得处死刑或无期徒刑，本刑为死刑或无期徒刑者，减轻其刑。不过遗憾的是，1935年刑法典留下了未满18岁未成年人如果杀直系尊亲属可判死刑的例外性规定。中华人民共和国成立后，对未成年人犯罪不适用死刑原则曾经一度得以确立。早在1951年，“对于十八岁以下的少年罪犯，即便情节严重，罪当处死，也不能处死”就已经确立为指导司法实践的刑事政策。从20世纪50年代到1979年刑法颁布前的历部刑法草案均曾有明确、彻底禁止对不满18周岁的未成年人犯罪适用死刑的条款。中华人民共和国首部刑法典——1979年刑法也规定对于未满18岁之人不得判处死刑。该《刑法》第四十四条规定：“犯罪的时候不满十八岁的人……不适用死刑。已满十六岁不满十八岁的，如果所犯罪行特别严重，可以判处死刑缓期二年执行。”这一刑法典一反历部刑法草案彻底禁止对未成年人犯罪判处死刑的规定，显然是受到了20世纪70年代末所出现的青少年犯罪恶化现象的影响。1997年修订的《刑法》第四十九条规定：“犯罪的时候不满十八周岁的人和审判的时候怀孕的妇女，不适用死刑。”这一规定正式确立了未成年人犯罪绝对不适用死刑的原则（包括不得适用死缓），实现了与未成年人不判死刑原则这一国际准则的衔接。

二、严格限制适用无期徒刑

无期徒刑，是剥夺犯罪分子终身自由，并强制劳动改造的一种刑罚方法。英美法系国家一般将无期徒刑称之为终身监禁，其严厉性仅次于死刑。

无期徒刑并不是最古老的刑种，它是随着人类社会的发展而出现的一种刑罚。无期徒刑自诞生之日起，便具有了顽强的生命力，至今仍为世界上大多数国家所采用。无期徒刑在清末变法后被引入中国，从此便一直扎根于中国的刑法舞台，并发挥着重要的作用。

关于对犯罪的未成年人适用无期徒刑的问题，新中国成立60多年来经历了一个从对未成年犯罪人不能适用无期徒刑到可以适用无期徒刑的过程。1954年9月30日《刑法指导原则草案(初稿)》第十一条第二款规定：不满18岁的未成年人犯罪，不适用无期徒刑。[①] 1957年6月28日《刑法草案（初稿)》（第22次稿）第四十六条规定：犯罪的时候不满18岁的人，不适用无期徒刑。[②] 1963年10月9日《刑法草案（修正稿)》（第33次稿）第四十六条规定：犯罪的时候不满18岁的人，不适用无期徒刑。[③] 后来，有关对未成年犯罪人不能适用无期徒刑的规定从刑法草案中取消了。无论是1979年刑法还是1997年刑法均未作出对未成年犯罪人适用无期徒刑的禁止性规定，根据现行《刑法》第四十九条的规定，未成年人仅仅是不能适用死刑，并没有禁止无期徒刑的适用。早在1991年最高人民法院研究室就在《关于已满十四岁不满十六岁的人所犯罪行特别严重能否判处无期徒刑问题的电话答复》中明确，对已满14岁不满16岁的人，

---

① 高铭暄、赵秉志编：《中国刑法立法文献资料精选》，法律出版社2007年版，第232页。

② 高铭暄、赵秉志编：《中国刑法立法文献资料精选》，法律出版社2007年版，第254页。

③ 高铭暄、赵秉志编：《中国刑法立法文献资料精选》，法律出版社2007年版，第281页。

所犯罪行特别严重的可以判处无期徒刑。另外，1995 年 5 月 2 日最高人民法院《关于办理未成年人刑事案件适用法律的若干问题的解释》第三条“关于对未成年罪犯刑罚的适用”中第（一）项对“剥夺政治权利刑的适用”规定：“对犯严重破坏社会秩序罪的未成年罪犯，除依法判处无期徒刑、死刑缓期执行的以外，一般不附加判处剥夺政治权利。”2006 年 1 月 11 日最高人民法院《关于审理未成年人刑事案件具体应用法律若干问题的解释》第十三条规定：“未成年人犯罪只有罪行极其严重的，才可以适用无期徒刑。对已满十四周岁不满十六周岁的人犯罪一般不判处无期徒刑。”1979 年刑法典和 1997 年刑法典也都没有关于未成年人不能适用无期徒刑的规定。在司法实践中，对未成年罪犯判处无期徒刑的并不鲜见。2001 年至 2002 年，关颖等人对我国 10 个省市 3000 名未成年犯的抽样调查发现，尽管 3 年以下有期徒刑的占近半数（47.5%），但 10 年以上徒刑的仍占了近一成（9.8%），尤其是无期徒刑占到了 4.2%。[①]

在理论上，对未成年人能否适用无期徒刑存在肯定说和否定说两种观点。

肯定说认为，刑法只规定对未成年犯罪人不能适用死刑，而未明确规定不能适用无期徒刑，同时考虑到我国未成年人犯罪的严峻形势，以及有些未成年人犯罪的性质和危害极其严重，并不亚于成年人犯罪，仅允许对其最高适用有期徒刑，尚不足以有效保护国家和人民的利益，实现刑罚预防犯罪的目的。在对犯罪应当判处死刑的情况下，对未成年罪犯判处无期徒刑本身就是从轻或减轻处罚，况且我国的无期徒刑不同于国外立法中的“无释

① 关颖、鞠青主编：《全国未成年犯抽样调查分析报告》，群众出版社 2005 年版，第 6 页。

放可能的终身监禁”，所以认为对未成年人保留无期徒刑，既符合刑法的规定，适应罪责刑相适应原则的要求，又是惩罚犯罪，实现刑罚一般预防和特殊预防目的的现实需要。

否定说的理由是根据《刑法》第四十九条的规定，对未成年人犯罪可以判处的最高刑罚为无期徒刑，而依据《刑法》第十七条第三款的规定，已满14周岁不满18周岁的人犯罪应当减轻或从轻处罚。因此，对每一个未成年罪犯经过适用法定减轻或从轻后，实际上并不能对其判处无期徒刑，否则就没有体现出对未成年人犯罪减轻或者从轻处罚的原则。

尽管司法实践中对未成年犯判处无期徒刑毫无争议，为什么理论上还有学者对此持否定态度呢？原因有两个：一是国际公约关于未成年犯罪人能否适用无期徒刑的规定。鉴于未成年人特殊的生理、心理特征，应当针对未成年人犯罪设置特别的处罚措施，这是当今国际社会的共识。关于未成年人能否适用无期徒刑的问题，集中表现在1989年11月20日在第44届联合国大会上通过的联合国《儿童权利公约》（以下简称《公约》）中，该《公约》第三十七条（a）项明确规定：“……对未满18岁的人所犯罪行不得判以死刑或无释放可能的无期徒刑。”中国于1990年8月29日正式签署了《公约》，并于1991年12月29日经全国人大常委会批准。我国对《公约》的签署、批准必然意味着对国际公约的遵从并承担相应的国际义务。因此，有必要对《公约》关于未成年人无期徒刑适用的规定进行切实的研究，并使本国相关立法和司法与之相协调。关于《公约》对未成年犯罪人适用无期徒刑的态度，有学者认为，其对未成年人犯罪适用无期徒刑作出的是一种限制性规定，即“缔约国应确保对未满18岁的人所犯罪行不得判以无释放可能的无期徒刑”，而对于通过假释、减刑等刑罚执行制度而有释放可能的无期徒刑，则对未成年犯罪人是可以适用的，但也应当严格限制。[①] 准确理解本条所规定的内容，关键在于如何理解“无释放可能的无期徒刑”。“无释放可能的无期徒刑”是相对于西方国家刑法中所规定的不得假释、减刑的终身监禁刑而言的，可以通过减刑、假释而提前出狱的无期徒刑则不应在此之列。二是《刑法》第四十九条规定了对未成年人犯罪不适用死刑，故对未成年人犯罪可适用的最高刑罚应当是无期徒刑。而《刑法》第十七条第三款又规定，已满 14 周岁不满 18 周岁的人犯罪应当从轻或者减轻处罚。由于无期徒刑是没有刑罚幅度的刑种，若从轻处罚，只能判处有期徒刑；减轻处罚的，更不可能判处无期徒刑，因此对未成年人犯罪不能适用无期徒刑。[②] 该观点不能成立。一方面，该观点混淆了法定刑和宣告刑的界限。未成年人不适用死刑及联合国《儿童权利公约》中的无释放可能性的无期徒刑都是指宣告刑，而不是理论上所谓的法定最高刑。根据立法规定，未成年人与成年人的法定刑是相同的，刑法关于未成年人从轻、减轻处罚的规定应以法定刑为基础，而不是以宣告刑为基础。另一方面，该观点并没有正确理解《刑法》第十七条第三款和第四十九条规定的立法精神以及二者之间的关系。刑法第十七条第三款的规定，是针对未成年人应负刑事责任的全部犯罪而言的，是一项普遍性的刑罚原则。《刑法》第四十九条关于未成年人犯罪不适用死刑的规定，是针对未成年人犯应当判处死刑的罪而言的，是针对刑种的一项特殊性规定。很显然，第四十九条是对第十七条第三款的补充或具体化，两者之间存在着前因后果的关系，对论罪当死的未

---

① 高铭暄、张杰：《中国刑法中未成年人犯罪处罚措施的完善——基于国际人权法视角的考察》，载《法学论坛》2008 年第 1 期。

② 郑鲁宁：《对未成年人犯罪适用无期徒刑问题的探讨》，载《华东政法学院学报》2001 年第 4 期。

成年罪犯不适用死刑而适用无期徒刑，本身就是对其从轻处罚的结果。若对其再按照《刑法》第十七条第三款的规定予以从轻或者减轻处罚，则是对未成年人犯罪的再次从宽，这违反了刑法上的禁止重复评价原则。

司法实践中，对未成年人犯罪适用无期徒刑应严格加以限制，防止重刑主义倾向，凡适用有期徒刑能够达到刑罚目的的，就不应适用无期徒刑。理由有以下几点：

第一，无期徒刑的严厉性及其弊端决定了对未成年人犯罪适用无期徒刑应进行严格限制。首先，无期徒刑是剥夺犯罪分子终身自由，实行强制劳动改造的刑罚方法，其严厉性仅次于死刑，犯罪人所受到的剥夺性痛苦的无期性在某种程度上并不比死刑犯所承受的死刑痛苦逊色太多。因此，在对未成年人犯罪禁止适用死刑的情况下，对未成年人犯罪适用无期徒刑也应进行严格限制，以体现对未成年人犯罪处以刑罚的合理性、正当性。其次，无期徒刑具有不可分性，适用中无法做到刑罚个别化，具有明显的有失公正性的弊端，用在未成年犯身上，其公正性的丧失更加明显。另外，与成年犯相比，未成年犯如果没有被减刑或假释，其改造的时间更长，国家付出的司法成本更大，更加不具经济性。最后，无期徒刑容易泯灭罪犯再生的希望，从而会使其丧失接受矫正改造的积极性和主动性，陷入自暴自弃的状态，轻则消极抵触，重则抗拒改造。对于被处以无期徒刑的未成年犯来说，其心理的脆弱性更容易使其陷入这种消极状态，从而使对未成年犯适用刑罚的目的难以实现。

第二，未成年人的特殊性决定了对未成年罪犯适用无期徒刑应严格限制。与成年罪犯相比，未成年人处于身心成长时期，生理、心理发育均不成熟，社会经验不足，辨别是非的能力较差，自制力低，具有相当大的可塑性。这种身心特点具有双面影响：

一方面，未成年人由于发育的不成熟，辨别是非的能力较差，使得其容易受外界环境影响，如果对未成年犯适用无期徒刑，则其在改造场所受到交叉感染的可能性比成年犯更大；另一方面，未成年人具有相当大的可塑性特点，又是对未成年犯进行教育改造的有利因素，如果对未成年犯不适用无期徒刑，而适用其他刑罚，可能更有利于对未成年犯的改造。因此，对未成年犯尽量少用无期徒刑符合未成年犯的身心特点，有利于对其进行教育改造。

第三，顺应国际潮流的必然要求。联合国《儿童权利公约》第三十七条（a）项规定，对未满 18 岁的人所犯罪行不得判以死刑或无释放可能的无期徒刑。我国刑法所规定的无期徒刑，由于减刑、假释制度的存在，虽然不属于无释放可能的无期徒刑，不违反该公约，但被判处无期徒刑的未成年犯，如果不符合减刑、假释的条件也存在终身不被释放的可能性，因而只有严格限制对未成年犯适用无期徒刑，才能尽量减少这种可能性的发生，从而与该公约的有关规定相符。

2006 年 1 月 11 日最高人民法院在《关于审理未成年人刑事案件具体应用法律若干问题的解释》中，明确要求审理未成年人刑事案件，应贯彻“教育为主，惩罚为辅”的原则。其第十三条明确规定：“未成年人犯罪只有罪行极其严重的，才可以适用无期徒刑。对已满十四周岁不满十六周岁的人犯罪一般不判处无期徒刑。”该规定对司法实践中对未成年人适用无期徒刑的严格控制起到了非常积极的作用。此处的“罪行极其严重”等同于刑法典关于死刑适用条件中的“罪行极其严重”，应当从主客观方面从严把握，即犯罪造成的客观危害极其严重、犯罪人的主观恶性和人身危险性极大。由于该条规定较为概括，不利于司法操作，建议应当参考有关死刑适用的司法解释，对此处的“罪行极其严重”作出较为明确的规定。例如，限制适用无期徒刑的未成年犯罪人的犯罪性质，如暴力性危害他人生命健康并且造成严重后果的犯罪；限制犯罪的情节，如对于存在被害人过错、犯罪人通过认罪和赔偿取得被害人或者其家属谅解的，可以不判处无期徒刑等。

总之，对未成年人犯罪量刑应当慎之又慎，要将其区别于成年人的犯罪，充分考虑未成年人实施犯罪的动机和目的及具体情节，结合犯罪后的悔罪表现、个人成长的经历和一贯表现等因素，充分考虑是否有利于未成年罪犯的教育和矫正，从根本上达到对未成年犯罪人教育和挽救的目的。

对被判处无期徒刑的未成年犯罪人，要通过放宽假释、减刑条件，扩大减刑幅度促使犯罪人认真接受教育改造，建立完善的假释考察制度帮助未成年犯罪人回归社会。逐步减少未成年犯罪人无期徒刑的适用，适当时候在刑法中明确规定未成年犯罪人不适用无期徒刑。这直接与国际公约和我国《预防未成年人犯罪法》、《未成年人保护法》的基本精神相一致。

三、短期自由刑

短期自由刑是相对于长期自由刑而言的，指在较短时期内剥夺罪犯人身自由的刑罚，包括拘役和短期有期徒刑。短期自由刑是实现轻微犯罪罪刑相适应原则的重要刑罚处罚措施，符合罚当其罪价值追求，有利于实现刑罚的正义性，也体现了保护未成年人的精神。毕竟，在现实生活中，未成年犯的人身危害性不大，主观恶意不深，犯罪大都比较轻微。适用短期自由刑有助于预防其再次犯罪，同时对其他有犯罪倾向的未成年人也能起到威慑的效果。对实施轻微犯罪行为的人判处短期自由刑，能短时间内剥夺其再犯能力，由于短期自由刑犯的主观恶性不深，经过短期的改造一般都能悔过自新，因而具有特别预防的作用。同时，公民会产生有罪必罚、轻罪轻罚的公正印象，有助于强化法律意识，实现一般预防的目标。

在未成年人犯罪情节较为严重，必须适用徒刑时，国际人权公约考虑到监禁刑可能对未成年人心灵造成更大的伤害，明确要求对未成年人犯罪尽可能少地实施封闭性的关押。例如，《囚犯待遇最低限度标准规则》第5（2）条规定："青少年囚犯……一般而言，对这些青少年不应判处监禁。"此外，《联合国少年司法最低限度标准规则》第17.1条规定："主管当局的处置应遵循下列原则……（b）只有经过认真考虑之后才能对少年的人身自由加以限制并应尽可能把限制保持在最低限度；（c）除非判决少年犯有涉及对他人行使暴力的严重行为，或屡犯其他严重罪行，并且不能对其采取其他合适的对策，否则不得剥夺其人身自由……"第19.1条规定："把少年投入监禁机关始终应是万不得已的处置办法，其期限应是尽可能最短的必要时间。"《国内法与国际法下的未成年人刑事责任决议》第13条建议，徒刑作为一种例外的制裁措施，只可能对严重的罪行宣判，并且只能适用于已对品行作出仔细评估的未成年人。而就期限而言，该决议指出"必须严格限制徒刑的判处和徒刑的期限"。

国际人权公约的这种规定，体现出的精神是：对未成年人的违法行为，应慎重地纳入刑法范畴进行处理；即使必须作为犯罪进行处理时，也应尽可能不加以监禁刑。

在中国，历来对未成年人犯罪注重贯彻"教育为主，惩罚为辅"的刑事政策，立法和司法机关在将未成年人的违法行为纳入刑法范畴进行处理时都是十分慎重的，即使必须作为犯罪处理，也一直强调对未成年人从宽处罚。具体来说，《刑法》第十七条第二款明确将已满14周岁不满16周岁的人的犯罪行为局限于故意杀人、故意伤害致人重伤或者死亡、强奸、抢劫、贩卖毒品、放火、爆炸、投放危险物质八种情形；第三款强调对已满14周岁不满18周岁的人犯罪，应当从轻或者减轻处罚。同时，《未成年人保护法》第五十四条第一款规定："对违法犯罪的未成年人，实行教育、感化、挽救的方针，坚持教育为主、惩罚为辅的原则。"此外，最高司法机关还通过一系列司法解释，尽可能将未成年人实施违法行为构成犯罪的范围作限制性解释。例如，2005年12月12日最高人民法院《关于审理未成年人刑事案件具体应用法律若干问题的解释》第六条至第十条排除了对未成年人偶尔与幼女发生性行为，情节轻微的抢夺、盗窃、强行索要行为的犯罪性，并对未成年人实施盗窃、诈骗、抢夺后为窝藏赃物、抗拒抓捕或者毁灭罪证，当场使用暴力转化为抢劫罪作了限制性解释。最高人民检察院2007年8月修改的《人民检察院办理不起诉案件质量标准（试行）》中，亦将"未成年犯罪嫌疑人主观恶性较小、社会危害不大"作为五种相对不起诉情形之一。

但对未成年人的行为必须作为犯罪进行处理时，应尽可能慎重地适用监禁刑，在当前我国立法中却体现得并不明显。监禁刑对未成年犯罪人的影响，远远大于成年犯罪人。这至少包括以下几个方面：（1）监禁将迫使未成年犯罪人与监护人、亲朋隔离，这是与人类情感相悖的不人道行为。（2）未成年犯罪人对于监禁痛苦的感受不同于成年犯罪人，监禁更容易带来对未成年犯罪人身心健康的伤害。由于未成年犯罪人的自我保护能力低，在监禁机构内其合法权益也更容易受到侵害。（3）监禁将带来"标签效应"，进入监禁机构将给未成年犯罪人的一生贴上沉重的犯罪标签，严重影响未成年犯罪人之后漫长的生活、成长与发展。（4）未成年犯罪人的辨别能力低，在监禁机构内与其他未成年犯罪人的“交叉感染”可能性相对成年犯罪人更高，监禁将使未成年犯罪人容易变得更“坏”。(5) 监禁将使未成年犯罪人与正常的社会隔离，而未成年犯罪人的社会化尚未完成，监禁状态将导致未成年犯罪人正常社会化的中断或者畸变，其对未成年犯罪人健康成长的影响将是巨大的，也是成年犯罪人所无法比拟的。此外，监禁未成年犯罪人所花费的司法成本也要高于监禁成年犯罪人。这些弊端的最集中表现是，监禁容易导致未成年犯罪人向惯犯、累犯转变。犯罪学研究表明，困扰犯罪控制有效实现的成年惯犯、累犯中，大部分均有在未成年时期犯罪的经历。这些人的违法犯罪行为之所以没有随着年龄的增长而“自动愈合”，与他们曾经遭受过监禁有着密切的关联。因而，对未成年人犯罪适用监禁刑，不可不慎，在我国刑法立法中，对此应有明确的体现。

拘役刑是一种短期自由刑，是主刑中介于管制刑与有期徒刑之间的轻刑种，能够短期剥夺罪犯的自由，并对其实行劳动改造，被判处拘役的罪犯每月可以回家一两天与家人见面，而且参加劳动也有劳动报酬。例如，德国从 1969 年开始试行并于 1976 年在《监狱法》中正式确立犯人返家探视、短时离监和外出工作等制度。返家探视，是指犯人可以定期回家，全年总共 21 天假期；短时离监，是指犯人每天可以有若干小时暂时离开监狱，特别是用于外出找工作、住处以及探访近亲属；工作外出，是指犯人可以每天到监狱外在无监管状态下工作，挣取正常的报酬。拘役刑是属于惩罚性弱、改造性强的轻刑种，可以广泛适用于未成年犯罪人。

四、管制刑

管制刑是一种限制犯罪分子一定自由但又不予关押，对其进行社区矫正的一种刑罚处罚方法，是五个主刑中最轻的刑种。管制刑的存在很好地连接了剥夺自由刑和非自由刑，使得我国刑罚体系更为完善，各种刑罚结构更加紧凑自然。犯罪人虽被判处刑罚，但被剥夺人身自由。主要适用于罪行较轻可不实行关押的犯罪分子。对未成年犯罪人适用管制刑，其优点是：在服刑的同时，未成年犯罪人依然与其家庭成员在一起生活，不影响其学习、工作和生活，而且能够得到家庭、学校和社会的关爱及帮助，有利于对其思想和人生观的改造。

管制作为中国刑法中非常有特色的刑罚种类，是一种在开放状态下服刑的轻刑缓和刑种，与世界刑罚向开放性发展的趋势相一致。其适用有利于刑罚个别化原则的贯彻实施，能更大程度地体现对未成年犯罪人从轻或减轻处罚，有助于对犯罪分子适用刑罚的目的实现。因此，应提高管制刑的刑罚机制，加大对管制刑的适用。

由于管制刑对罪犯不予关押，适用于未成年犯罪人能有效避免监禁对其所带来的负面影响，在社会化的环境中，也能够有效开展教育。但由于司法实践中缺乏专门的监督组织以及相配套的措施，有必要对现行的管制刑予以适当完善。1997 年刑法规定公安机关为管制刑的具体执行机关，但实践中由于公安机关自身的特点，职务侧重于侦查等相关活动，需处理的案件繁多，加上缺乏具体的监督措施，不能完全及时地掌控和把握犯罪人的行为和心理，改造效果不明显，公安机关的监督作用实际上收效甚微。所以，2011 年 2 月 25 日发布的《刑法修正案（八）》将《刑法》第三十八条原第二款作为第三款，修改为："对判处管制的犯罪分子，依法实行社区矫正。"这相当于将管制的执行权交给了负责社区矫正的司法行政机关，但在具体执行过程中还需进一步制定切实可行的详细的执行措施，充分发挥管制刑的改造作用。

五、罚金刑

罚金刑是人民法院判处犯罪分子向国家缴纳一定数额金钱的刑罚方法，在我国刑法体系中的法律地位是附加刑，既可以独立适用，也可以附加适用。作为一种较轻缓的刑罚手段，其适用对象有三类：（1）经济犯罪；（2）以营利、侵财为目的的犯罪；(3) 其他罪质较轻、危害较小的犯罪。在司法实践中，未成年人犯罪的主要类型为侵犯财产罪。据某市人民法院统计，1998 年 1 月至 2000 年 5 月，该院依法判处未成年人罪犯 66 名，其中犯抢劫、盗窃、诈骗罪的共计 42 名。[①] 侵犯财产罪是适用罚金刑的一个重要的犯罪类型，由此，对于未成年人犯罪能否适用罚金刑成为一个非常值得关注的问题。

对未成年人犯罪能否适用罚金刑，各国的规定差别较大。西方国家的刑法中一般没有禁止对未成年人犯罪科处罚金刑的规定。有的国家对未成年犯罪人科处罚金刑的比率还很高。在斯里兰卡，根据其 1939 年颁行的《儿童与少年法令》第二十八条[②]规定，对于成年人案件应当给予罚金处罚的犯罪，儿童或少年被告发时，法院对于该案件，认为科以罚金最能满足要求时，不问有无其他刑罚规定，也不论在任何情况下，均可判处犯罪儿童和少年罚金，可以命令儿童或少年的父母或照管人代替儿童或少年缴纳罚金。在英国对未成年人犯罪科处罚金的比率较高，甚至对估计无力缴纳罚金的未成年犯科处罚金。[③] 但罗马尼亚 1968 年

---

① 彭武军：《未成年犯能否适用财产刑》，载《人民法院报》2002 年 3 月 4 日理论专版。

② 康树华主编：《预防未成年人犯罪及法制教育全书》（下卷），西苑出版社 1999 年版，第 1636 页。

③ 马登民、徐安住著：《财产刑研究》，中国检察出版社 1999 年版，第 350 页。

的刑法典则禁止对未成年人犯罪适用财产刑。① 俄罗斯的现行立法明确规定，只有在未成年的被判刑人具有可以追缴的独立工资或财产时，才可以判处罚金。②

我国刑法体系没有对未成年人犯罪适用罚金刑的情形作出明确的例外性规定，但理论界对此问题的认识却并不一致，概括起来，大致可以分为肯定说、否定说和折中说三种观点。持肯定论的学者从加强未成年犯罪人家长管教孩子责任感的角度，认为未成年犯罪人虽没有收入，由其家长代缴罚金对未成年犯罪人的教育是有利的，故罚金刑对于未成年犯罪人的适用不应加以限制。③ 持否定论的学者则从刑罚一身专属性的角度，认为未成年犯罪人一般无经济收入，如果判处他们罚金，势必出现由其父母或亲属代为缴纳罚金的情形，从而违反罪责自负的原则，而且还不能体现罚金刑对未成年犯罪人的惩戒教育功能，犯罪人本身对此不会有什么深刻感触，甚至还会对未成年犯罪人的教育产生极为不良的效果，因而应禁止对未成年犯罪人适用罚金刑。④ 持折中论的学者认为，对未成年犯罪人是否适用罚金刑，应当按照实事求是的原则，视情况区别对待。对无固定收入亦无独立财产的未成年犯罪人判处罚金刑，往往得不到实际执行，如果由其家长或亲属代为缴纳，则会造成刑事责任的株连，因而不可取；如果刑法分则明文规定“并处罚金”的，可根据对未成年犯罪人应当从轻或减轻处罚的量刑原则，在判决书中说明理由后判决免除

---

① 赵秉志著：《犯罪主体论》，中国人民大学出版社 1989 年版，第 122 ~ 144 页。

② 薛瑞麟著：《俄罗斯刑法研究》，中国政法大学出版社 2000 年版，第 267 页。

③ 高铭暄主编：《刑法专论》（上编），高等教育出版社 2002 年版，第 564 页。

④ 邓旭：《罚金刑刍议》，载《河北法学》1987 年第 3 期；熊选国：《论罚金刑的立法完善》，载《政治与法律》1989 年第 4 期。

罚金，但对于在判决时，由于劳动或者继承等原因而拥有个人财产的未成年人实施经济犯罪，尤其是把自己的财产作为犯罪资本时，则视案情需要可以对其单独或者附加适用罚金刑，这既符合罪责自负的原则，也有利于有效地防止其再发生同类性质的犯罪。[①] 上述三种不同观点，其争论焦点主要集中在对于未成年人犯罪适用罚金刑是否违背了罪责自负的基本原则、是否有悖于刑罚的目的、是否不利于对未成年人合法权益的保护等问题上。

对于未成年人犯罪适用罚金刑并未违背罪刑自负原则，是符合刑罚目的的，同时也有利于对未成年人合法权益的保护，因此对于未成年人犯罪适用罚金刑不仅不应加以限制，反而应扩大适用。具体理由如下：

第一，对于未成年人实施以贪利为动机的犯罪科处罚金刑并不违背罪刑自负原则。

罚金刑对于贪利型犯罪具有抑制其犯罪贪欲、预防犯罪的功能。但由于罚金刑自身所固有的可能被代为缴纳的缺陷，使得一些人对于其刑罚的惩治功能产生怀疑。这不过是刑罚的执行问题，执行问题的存在决不应成为罚金刑适用的障碍。同时法院对犯罪进行惩处的根基在于其犯罪的性质、情节以及对社会的危害程度，而不是其承受刑罚的能力。因此，在对犯罪人科处罚金刑时，将其所拥有的财产状况作为是否判处罚金刑以及决定罚金的数额不甚妥当。需要调整的应该是罚金刑的执行问题，而绝非否定罚金刑的适用问题。其实法院完全可以将罚金部分折算成劳务，让犯罪人自己通过从事劳务来执行罚金刑，这对于未成年犯罪人尤其有效。一方面，未成年犯罪人被强制性地从事劳务，实现了对其犯罪行为的惩罚；另一方面，未成年犯罪人通过参加劳

---

① 赵秉志著：《犯罪主体论》，中国人民大学出版社1989年版，第142页。

动，学会了一些劳动技能，对于其重新复归社会也是有利的。至于罚金刑可能出现的代缴转嫁现象，这本身是世界范围内司法实践中存在的普遍现象，即便是在成年人犯罪适用中也不可避免，因而这决不能成为否定未成年人犯罪适用罚金刑的理由。诚然，多数未成年犯罪人没有独立的财产，很有可能出现由其家长或亲属代为缴纳罚金的情况。但与此同时，也应该看到，家长们绝非愿意纵容孩子犯罪，相反他们更愿意让孩子承受一定的惩罚，使其能够有所警醒，有所悔悟，重新做人，不再以身试法。因此，在司法实践中，对未成年犯罪人判处罚金刑后，可以要求其家长予以积极配合，同时可以适当地延长罚金刑的缴纳期，采取分期缴纳、以劳代金等方式执行罚金刑。

第二，对于未成年人犯罪适用罚金刑并未有悖于刑罚目的，相反能够更好地贯彻对于未成年犯罪人“教育为主、惩罚为辅”的刑事政策。

未成年人是一个特殊的社会群体，他们的生理和心理均未完全成熟，自我控制能力差，而现代社会高度文明的发展所带来的消极影响，使得一些涉世不深的未成年人首当其冲，成为失足少年。注重对未成年人犯罪的教育和挽救，预防未成年人犯罪和重新犯罪成为了现代刑事政策的核心。我国《刑法》第十七条第三款明确规定，已满14周岁不满18周岁的人犯罪，应当从轻或者减轻处罚。2006年修订的《未成年人保护法》第五十四条规定：“对违法犯罪的未成年人，实行教育、感化、挽救的方针，坚持教育为主、惩罚为辅的原则。”2001年4月12日起实施的最高人民法院《关于审理未成年人刑事案件的若干规定》第三条规定：“审判未成年人刑事案件，必须以事实为根据，以法律为准绳，坚持教育为主、惩罚为辅的原则，执行教育、感化、挽救的方针，积极参与社会治安综合治理。”由此可见，虽然在刑罚价值取向中人们依然存在着报应刑和教育刑谁主谁次的争论，但在未成年人犯罪刑罚价值取向上则几乎一致认同，即应弱化刑罚的报应观念，以特殊预防中的教育刑论为其基本理念。在教育刑论的主张者看来，既然刑罚不再被视为报应的手段，那么自由刑则不是千篇一律均为适宜的刑种，尤其是短期自由刑的适用效果更是有违改善犯罪人之目的，因此应当扩大罚金刑的适用。[①]

第三，对未成年人犯罪适用罚金刑有利于更好地保护其合法权益。

从保护未成年人的角度出发，刑法应当尽可能地谦抑，如果判处一定数额罚金，可以避免对未成年人判处人身自由刑可能导致的“交叉感染”，那么对未成年人适用罚金刑就利大于弊。《联合国少年司法最低限度标准规则》（“北京规划”）第18.1条“各种不同的处理办法”中规定“应使主管当局可以采用各种各样的处理措施，使其具有灵活性，从而最大限度地避免监禁……（d）罚款、补偿和赔偿……”因此，如果把罚金刑与补偿和赔偿被害人损失综合起来运用，避免对未成年犯罪人的监禁，避免未成年犯罪人的“交叉感染”，罚金刑的积极意义就远远大于其消极意义。在罚金刑能否对未成年犯罪人适用的问题上不宜绝对的肯定或否定，应该考虑到保护未成年犯罪人的需要，也即只有在为避免对未成年犯罪人判处人身自由刑的前提下，有限制地适用罚金刑。罚金刑作为一种宽缓的刑罚方法，具有避免狱中“交叉感染”的特征，特别是由于它对于受刑人的名誉并不像自由刑之执行一样留下污点而所具有的“匿名之刑”（Anonyme

① 赵秉志主编：《当代刑法理论探索（卷三）：刑罚总论问题探索》，法律出版社2003年版，第228页。

Strafe）的特征。[①] 它亦可避免犯罪人对社会生活的不适应性。未成年犯罪人正处于学习、就业的黄金时期，将他们收监入狱，势必影响他们学习和就业，甚至可能导致他们“监狱化”。“监狱化”一词由美国社会学家唐纳德·克莱默首次提出，是指由于罪犯被隔离于社会，不可能参与社会生活，进行社会实践，因此监狱存在不利于再社会化目的的实现的一面，存在使罪犯“监狱化”的可能，即只适应监狱生活，适用监狱规范。[②] 因此，从保护未成年犯罪人的角度，也应扩大罚金刑的适用，以便更有利于他们的身心发展。至于有人担心的罚金刑可能产生“以钱赎刑”的误导问题，一般认为针对未成年人犯罪中财产型犯罪所占比例较大的实际情况，恰恰正是由于未成年犯罪人难以接受深奥的道理而易于接受直观的教育的缘故，应当对其适用罚金刑。唯有如此，才能让犯罪的未成年人直观而形象地认识到，非法获得钱财不仅是法律所严格禁止的，而且经济上也是亏本的，从而打消其通过非法手段敛财这种具有极大危害性的侥幸心理。因此，对于未成年犯罪人而言，罚金刑自然应当是一种上好的选择。[③]

第四，所谓“罚金刑具有的效力不平等性”的问题也不能成为否定对未成年犯罪人适用罚金刑的理由。

所谓“罚金刑具有的效力不平等性”，即对于同样的犯罪判处同等数额的罚金，由于犯罪人经济承受能力的差别，使犯罪人的感受不大相同。其实对于任何一种刑罚处罚方式，不同的人都

① 林山田著：《刑罚学》，台湾商务印务馆1983年版，第280页。

② 王平：《理性化及其局限——监狱行刑观念的价值定位》，载北京大学《刑事法要论》编辑组：《刑事法要论——跨世纪的回顾与前瞻》，法律出版社1998年版。

③ 高铭暄主编：《刑法学专论》，高等教育出版社2002年版，第565~566页。

将会有不同的体验，决不能因为出身、家境不同，对罚金刑的体验不同而否认罚金刑所具有的惩罚功能。英国著名的功利主义法学家边沁曾经从罪刑相称的角度精辟地论述道："相同的名义之刑不是相同的实在之刑。年龄、性别、等级、命运和许多其他情节，应该调整对相同之罪的刑罚。如果罪行是人身伤害，同样的财产刑对富人将无足轻重，而对穷人则沉重不堪；同样的刑罚可能给某一等级之人打上耻辱烙印，而对低等级之人则可能毫无影响；同样的监禁对一个商人可能是毁灭性打击，对一个体弱多病的老人则无异于死刑，对一个妇女可能意味着终身耻辱，而对其他状况的人也许无关紧要。"① 即便是最通用的有期徒刑，不同的人亦有不同的感受，国外就曾经多次报道一些街头流浪汉宁愿被关入监狱，我国也曾有过类似的报道，但这也决不能成为否定有期徒刑适用的理由。

第五，扩大对于未成年人犯罪罚金刑的适用符合世界刑罚发展的大趋势。

随着社会文明程度的提高，社会观念的转变，在世界范围内出现了刑罚轻缓化的趋势。罚金刑在 19 世纪末崭露头角，由于新派目的刑论的支持、国际刑事会议的倡导以及进入 20 世纪后大多数国家和地区立法上扩大罚金刑的适用范围，罚金刑适用率大幅度提高，开始了"由自由刑为主的刑罚体系向自由刑和财产刑并重的刑罚体系转变"。② 例如，1882 年，德国罚金刑占确定判决总数的 25.3%，1912 年增至 51.8%，1955 年增至 70%，进入 20 世纪 70 年代后则保持在 84% 左右。在日本，1950 年罚

---

① ［英］吉米·边沁著：《立法理论》，李贵方等译，中国人民公安大学出版社 2004 年版，第 378 页。

② 李贵方：《论刑法在发展社会主义商品经济中的作用》，载《中国法学》1988 年第 6 期。

金刑占确定判决总数的95.8%，进入70年代后则一直保持在96%以上。我国台湾地区进入20世纪70年代后，罚金刑的适用达到54%~67%。[①] 第六届联合国预防犯罪和罪犯处遇大会通过的《制定青少年审判和司法最低限度标准》倡导严格限制对青少年犯的监禁刑适用。《联合国少年司法最低限度标准规则》（“北京规则”）亦有关于“尽可能减少未成年人的监禁机会，采取更多的替代措施”的规定。因此，在我国扩大对于未成年人犯罪适用罚金刑，正好顺应了世界刑罚发展的趋势，有利于切实保障未成年犯罪人的合法权益。

六、没收财产

根据我国刑法的规定，对于未成年犯罪人也是可以适用没收财产刑的，但从少年司法实践来看，没收财产刑的运用较为少见。从国外少年刑罚的设置来看，大都将没收财产刑排除在外。例如，1951年保加利亚《刑法典》第四十三条第二款规定，对未成年人不得适用没收财产的刑罚。1968年罗马尼亚《刑法典》第一百零九条规定对未成年人不得适用没收财产等附加刑。德国《少年法院法》规定少年刑罚为自由刑，不包括没收财产刑。俄罗斯联邦《刑法典》曾经规定刑罚种类中有没收财产刑，但不得对未成年犯罪人科处，2003年12月对《刑法典》的修订则将这种对未成年犯罪人不得判处没收财产的规定扩大适用于所有的犯罪人，彻底废除了没收财产刑。

由于未成年犯罪人大都尚无独立的经济收入来源，一般来说，他们要么没有独立财产，要么个人财产积累较少，因此对未

① 赵秉志主编：《当代刑法理论探索（卷三）：刑罚总论问题探索》，法律出版社2003年版，第224页。

成年犯罪人适用没收财产刑实际意义不大，惩戒和教育的效果也较弱。

没收财产虽然与罚金刑同为财产刑，但是未成年犯罪人大多没有独立个人的财产，即使极少一部分未成年犯罪人因继承或自身收入有个人财产，也不宜于判处没收财产，因为没收财产在于剥夺其利用财产再次实施犯罪的考虑。且不说对极少数未成年犯罪人动用普遍规则是否有必要，也不利于教育和改造未成年犯罪人。

因此，没收财产刑是一种并不适合或者无必要适用于未成年犯罪人的刑罚，建议参考国外少年刑罚设置的做法将没收财产刑排除于少年刑罚的范围之外。

七、剥夺政治权利

我国《刑法》第五十四条规定，剥夺政治权利是指剥夺下列权利：选举权和被选举权；言论、出版、集会、结社、游行、示威自由的权利；担任国家机关职务的权利；担任国有公司、企业、事业单位和人民团体领导职务的权利。不满 18 周岁的未成年人，实际上享有的只是第二项权利，其他三项权利因年龄关系尚不能享有。对危害国家安全的犯罪分子应当附加剥夺政治权利，对于故意杀人、强奸、放火、投放危险物质、爆炸、抢劫等严重破坏社会秩序的犯罪分子，可以剥夺政治权利，对于判处死刑、无期徒刑的罪犯应当附加剥夺政治权利终身。可见，剥夺政治权利刑在附加适用时，一般适用于犯罪性质严重或罪行严重的罪犯，在独立适用时，一般适用于罪行较轻的罪犯。

关于对未成年犯罪人是否适用剥夺政治权利的问题，从我国刑法学界研讨的情况来看，大体上有以下几种观点：① 第一种观点认为，对未成年犯罪人不应适用剥夺政治权利，因为从未成年人犯罪的特点出发，对未成年犯罪人适用较为严厉的剥夺政治权利的刑罚，显得过于严苛，限制了未成年犯罪人接触社会、进行正常生活的条件，不符合我国刑罚的目的。而且，14 周岁以上不满 18 周岁的犯罪人，实际上尚未享有我国宪法赋予的政治权利，剥夺其本来就不享有的权利，就不成其为剥夺，没有任何实际意义。因此，建议在将来修改刑法时，应明确规定对未成年犯罪人不适用剥夺政治权利这一资格刑。第二种观点认为，对未成年犯罪人应同成年犯罪人一样剥夺政治权利，这是因为犯罪的未成年人，尽管在判决时未满 18 周岁，不享有宪法规定的大部分政治权利，但大多数被判处有期徒刑以上，尤其是被判处有期徒刑 10 年以上刑罚的，在服刑期内已达成年，对其政治权利如不予剥夺，不利于对他们的惩罚和改造。

2006 年 1 月 11 日发布的最高人民法院《关于审理未成年人刑事案件具体应用法律若干问题的解释》对未成年罪犯适用剥夺政治权利刑中明确规定，“对未成年罪犯一般不判处附加剥夺政治权利。如果对未成年罪犯判处附加剥夺政治权利的，应当依法从轻判处”。最高人民法院的意见符合对未成年犯罪人追究刑事责任的基本原则。

对犯罪的未成年人应严格限制适用剥夺政治权利刑。首先，对判处有期徒刑的未成年犯不能发挥教育作用，剥夺政治权利是通过降低社会地位的手段惩罚犯罪人，而未成年犯思想还不成

---

① 刘东根：《我国未成年人犯罪刑罚制度的完善》，载陈兴良、胡云腾主编：《中国刑法学年会文集（2004 年度）第二卷：实务问题研究》，中国人民公安大学出版社 2004 年版，第 809 ~811 页。

熟，认识能力有限，他们对判决剥夺政治权利的意义还往往缺乏认识，剥夺政治权利对他们缺乏教育意义。刑罚之所以能够起到教育改造的作用，是因为刑罚具有最直接的痛苦感受，对于政治权利中的绝大部分内容，有的未成年犯本来就没有，有的即使有部分权利，但也从来没有使用过。因此，剥夺他们本来就没有的权利，对犯罪缺乏丧失的感受性，使剥夺政治权利成为一种对其毫无意义的处罚形式。

其次，判处有期徒刑的未成年犯不能判处剥夺政治权利，更有利于他们的前途。对未成年犯的处罚，必须遵守教育、感化、挽救的方针，考虑犯罪少年的前途，犯罪只要不是特别严重，判处有期徒刑就足以达到教育目的。刑满释放或假释后鼓励他们为社会贡献自己的力量，使他们能够健康成长。而如果释放后仍剥夺政治权利，无疑会给他们造成巨大的压力，甚至会产生不满情绪，影响其健康成长。

最后，对判处有期徒刑的未成年人剥夺政治权利，也不利于发挥刑罚的一般预防功能。剥夺政治权利刑罚对未成年人缺乏震慑作用，在未成年人看来，剥夺政治权利的内容距离他们比较遥远，因此剥夺政治权利对具有危险性的未成年人缺乏警戒作用。

第五章 未成年人减刑、假释制度

第一节 我国现行的未成年人减刑、假释制度

减刑是由于被判处管制、拘役、有期徒刑或无期徒刑的犯罪分子，在执行期间确有悔改表现，因而适当减轻其原判刑罚的制度。假释是对于被判处有期徒刑、无期徒刑的犯罪分子，在执行期间，由于确有悔改表现，不致再危害社会，而附条件地提前释放的一项制度。

减刑与假释都是刑罚执行制度，并均以罪犯的悔改表现为适用的前提。把那些经过一定服刑期间，确有悔改表现的罪犯放在社会上改造，有利于化消极因素为积极因素，鼓励犯罪分子努力改造，对实现刑罚的目的有着积极的作用。首先，有利于促进犯罪人积极改造。犯罪人进入监狱场所之初，普遍存在心灰意冷、混刑度日的心理，对前途没有任何信心和希望。这种心理往往使其采取放任态度，甚至进行破坏性活动来发泄情绪。减刑、假释的恰当宣讲和运用，不仅为犯罪人提供了法律上的依靠，而且调动了犯罪人接受改造的主观能动性和积极性。其次，有利于稳定监狱场所秩序。减刑、假释的实施有其特定的条件，该条件约束着犯罪人服刑过程的始终，使其清醒地认识到只有通过认真改造

才能取得肯定和嘉奖，督促和鞭策犯罪人积极向上，提高改造质量，从而在一定程度稳定了狱内的改造秩序。最后，有利于减轻国家经济负担，保障犯罪人尽早适应社会。减刑、假释的运用无疑给了罪犯一个提前进入社会的机会，不但缓解了监狱关押的经济负担和压力，也使犯罪人能够提前进入社会，自寻生存门路、适应社会，承担起应尽的社会责任，在预防犯罪人因不适应社会而重新犯罪上有很大的作用。因此，减刑、假释制度成为世界上许多国家为鼓励犯罪人改过自新、回归社会而广泛确认的一项法律制度，它是人类人道思想和社会文明发展的成果。

由于未成年人犯罪有着不同于成年人犯罪的心理与生理特点，加之未成年犯在主观恶性上不及成年犯那样深，因此放宽对未成年犯罪人的减刑、假释的适用条件，也已成为现代世界各国刑事立法的普遍性倾向。例如，1948 年日本《刑法》第五十八条[①]规定，被判处惩役或监禁而有悔改表现的，有期徒刑逾刑期 1/3，无期徒刑逾 10 年后，始得经有关机关决定批准假释。该条还规定，少年犯被判处无期徒刑的，经过 7 年即可假释，被判处 10 年以下不定期刑的，经过宣判的最低刑 1/3 即可假释。可见，日本法律对未成年犯罪人假释的条件较成年犯罪人要宽得多。

在我国虽然从刑事立法的角度来考察，对未成年犯罪人的减刑与假释问题，没有明确规定应当放宽适用的条件，但是从司法实践的角度来看，却体现了对未成年犯罪人从宽适用精神。

我国《刑法》第七十八条、第七十九条规定了减刑的条件、期限及程序，即对被判处管制、拘役、有期徒刑、无期徒刑的犯罪分子，在执行期间，如认真遵守监规，接受教育改造，确有悔

---

① 康树华主编：《预防未成年人犯罪及法制教育全书》（下卷），西苑出版社 1999 年版，第 1495 页。

改表现的，或有立功、重大立功表现的，由执行机关向中级以上人民法院提出减刑建议书。人民法院应组成合议庭进行审理，并予裁定。2011年2月25日发布的《刑法修正案（八）》第十六条将刑法第八十一条修改为："被判处有期徒刑的犯罪分子，执行原判刑期二分之一以上，被判处无期徒刑的犯罪分子，实际执行十三年以上……可以假释。"《刑事诉讼法》第二百一十条规定了死刑缓期执行应当减刑的，由执行机关提出书面意见，提请高级人民法院裁定。

在我国现行司法中，未成年罪犯减刑、假释是比照上述规定，"从宽"执行。例如，最高人民法院在1991年1月26日发布的《关于办理少年刑事案件的若干规定（试行）》第四十五条中指出："对于执行机关依法提出给少年罪犯减刑或者假释的书面意见，人民法院应当及时予以审核、裁定。人民法院对少年罪犯的减刑、假释，在掌握标准上可以比照成年罪犯依法适度放宽。"1991年6月1日，最高人民法院、最高人民检察院、公安部、司法部发布的《关于办理少年刑事案件建立互相配套工作体系的通知》[①] 第五条第一款中也指出："……少年罪犯改造与成年罪犯不同，可塑性大，变化快，人民法院对少年罪犯的减刑、假释，在掌握标准上可以比照成年罪犯依法适度放宽。"1997年10月29日，最高人民法院发布的《关于办理减刑、假释案件具体应用法律若干问题的规定》第十三条规定："对犯罪时未成年的罪犯的减刑、假释，在掌握标准上可以比照成年罪犯依法适度放宽……其减刑的幅度可以适当放宽，间隔的时间可以相应缩短。符合刑法第八十一条第一款规定的，可以假释。"

---

① 康树华主编：《预防未成年人犯罪及法制教育全书》（下卷），西苑出版社1999年版，第1311页。

2001年4月4日发布的最高人民法院《关于审理未成年人刑事案件的若干规定》第四十四条规定："对于执行机关依法提出给未成年罪犯减刑或者假释的书面意见，人民法院应当及时予以审核、裁定。"以上这些规定，表明了我国对未成年犯的减刑、假释有别于成年犯，应依法适度放宽的精神，无疑具有十分重要的指导意义。

上述法律和规定在实际执行中具有以下特征：第一，审查书面化。对罪犯的减刑、假释程序是由监狱提出建议后，法院对建议书进行审查，作出裁定。既未要求开庭审理，也未要求听证。第二，司法行政化。我国目前的减刑、假释制度是以执行机关为主导的行政审批机制，即监狱制订并执行获得减刑、假释的"百分考核"、提请程序、审核程序，法院采纳批准（裁定），司法行政层层审批起决定作用，形成了以行政形式实现司法权。第三，规则原则化。关于减刑、假释的监督程序、纠错程序、衔接程序，尤其是对于未成年人犯罪可以比照成年人犯罪"依法适当放宽"，放宽的对象、次数、幅度、程序等均点到辄止，未作明确、具体规定，使减刑、假释的适用缺乏制约、规制、监督和救济。这些特征的存在客观上使减刑、假释这项旨在体现刑法教育、感召功能的制度在操作中易偏离公平、正义这个天平。

第二节　各国减刑、假释制度

减刑、假释制度最先立法于19世纪，美国纽约州建立的"善行折减"的减刑制度，英国建立的"释放票"的假释制度。我国在清末引入假释制度，解放区从苏联引入减刑制度，两项制度一直沿用至今。

19世纪中叶起，美国、英国、法国等发达国家实行假释为主、减刑为辅的制度，德国、日本、加拿大等发达国家实行单一的假释制度，没有国家实行单一的减刑制度。我国与发达国家形式鲜明对照，实行减刑为主、假释为辅的行刑制度。

德国刑法只有余刑缓刑制度（或称做暂缓执行有期徒刑的余刑），是指在审判机关宣告的刑期还没有执行完毕的过程中，由于符合法定条件，暂时停止执行，提前释放，在剩下的刑期中，如果遵守一定的条件，就认为原判刑罚已经执行完毕。余刑缓刑不是刑罚的变更，而是执行的一种措施，决定权由法院内部设立的刑事执行法庭来做决定。一般采取书面审理，通过听证程序，听取专家小组、被害人家属的意见。

丹麦的法律制度不属于英美法系，也不属于大陆法系，但主要以成文法为判案标准。丹麦的假释制度适用于各类型犯罪的罪犯，它是在罪犯服满2/3刑期之后，由假释机构决定是否对其进行假释，假释机构由监狱管理人员、律师等人组成，如罪犯在假释后1~2年内再犯新罪，即撤销假释，作收监处理。

日本的减刑、假释由监狱长向“地方更生委员会”（行政机关）提出申请，该委员会须对行为人的人格、在监狱的表现、入狱前的生活方式、家属关系，以及其他关系进行调查并进行审理，审理以会面为原则。日本法律对未成年人假释的条件较成年人要宽得多，1948年日本《少年法》第五十八条规定，少年犯被判处无期徒刑的，经过7年即可假释；被判处10年以上15年以下有期徒刑的，经过3年即可假释，被判处10年以下不定期刑的，经过宣判的最低刑的1/3即可假释。

1984年11月，联合国开始认识到“鉴于青少年处于成长发育的早期阶段，特别需要在身心和社会发展方面得到照顾和帮助，并且需要在和平、自由、尊严和安全情况下获得法律保护”。由此，制定了《联合国少年司法最低限度标准规则》（“北京规则”)，该规则第28条对少年犯规定：“有关当局应尽最大可能并尽早采用从监禁机关假释的办法。有关当局应对从监禁机关假释的少年给予帮助和监督，社区应予充分的支持。”

第三节　对我国未成年人减刑、假释制度的思考

我国现行的少年司法诞生于1984年，经过了20多年的努力，少年司法在立法方面尽管有了一定规模，但仍未发展为专门独立的法律体系，减刑、假释制度的立法更是单薄。为更好地发挥刑罚对未成年犯教育、挽救的功能，借鉴国外先进立法，履行国际规则，在刑罚领域建立和完善我国未成年人减刑、假释制度，势在必行。

一、关于适用对象和原则

据中国青少年研究中心统计显示，目前，我国未成年服刑人员达1.9万人，其中刑期3年以下的占46.9%，刑期4～6年的占29.1%，这些人将在未成年人管教所度过他们迈向成年的最后阶段。他们虽然已经走出了懵懂、天真的幼年时代，而且身体与生理发育已接近成年人，但心理发育相对滞后，有自己独特的身心和智力特征，如逆反、对抗心理极强，对外界态度强硬；情绪偏激，是非、理智和道德观相对模糊；自控能力差，易激动、愤怒、绝望；总之，是处在一个心理因素极不稳定，又有极强依赖和对抗心理的矛盾统一体中。

同时，从犯罪的原因及其责任基础看，未成年人作为尚未成熟的社会成员，引起其犯罪形成的社会责任远远大于其个人因素，因此社会亦应对违法犯罪的未成年人实施特别的司法关注和

救助，尤其应建立专门的未成年犯罪人的刑罚执行制度，实现法律对未成年犯罪人的教育、感化、挽救，这也是未成年人司法保护的世界性趋势要求。

减刑、假释本身是刑罚执行过程中的制度，所以我国未成年犯罪人减刑、假释制度适用对象应是指正在处于服刑期的未成年犯。随着这些人年龄的增长，在跨入成年期后，不再具备未成年犯的心理条件，不宜适用该项制度。基于上述因素，我国未成年犯罪人减刑、假释制度应有其独立的原则：

第一，法定原则。处于服刑期的未成年人，知识水平、适应能力均低于成年罪犯，所以其提出减刑的主动能力较差。因此，对未成年犯应确定其在刑事判决生效之日起，只要“遵守监规，接受教育改造”，没有因违反监规而受到处罚，即可获得一定时间内减刑资格，减刑幅度按刑期的一定比例确定。这样规定可以调动未成年犯接受教育改造的主动性，依法保护他的合法权益，也增加了减刑制度的透明度，体现了公正。

第二，社会化原则。改变过去让罪犯“与世隔绝”的改造观念，加强罪犯与社会的联系、沟通和融合，使其在思想上形成自己是社会的一员，应该对社会负责的理念，为未成年犯日后回归社会奠定思想基础。

第三，相称原则。即对服刑期的未成年犯，根据其年龄、性别、个性，分别采取相对应的有利于其身心健康成长的管教方式。这主要是因为未成年犯同其他所有未成年人一样处于身心成长期，不同的是被监禁，所以要提供在监禁区域和时期内与其年龄、身心相对应的管理、教育方式，尤其是及时给予其医疗和心理上的帮扶，确保其离开监禁机关时成为一个能独立生存和适应社会的人。

第四，自助原则。改变过去服刑犯人被动改造、被动考核、被动裁决的局面，给未成年犯一个充分的人格尊严，由其与家长根据相关规定，自行提出减刑、假释的申请，并作为诉讼主体参与到减刑、假释的裁决过程中，提高服刑犯人处分自身权利的自主性。

第五，从宽原则。在现行的司法解释中，该原则已得到体现。但从“宽”应是多方面的，一是对未成年犯罪人教育改造措施的从宽，即进一步采用科学、文明、人道、有针对性的管教方式，给服刑的未成年人提供一个身心相对宽松的生存环境；二是对未成年人减刑、假释的适用条件上放宽，如起始时间、间隔时间、减刑幅度，假释的适用范围、力度等；三是对减刑、假释未成年犯回归社会后的待遇、处置从宽。总之，要为未成年犯转化、成长提供一个相对宽松、健康的生活氛围。

二、关于定位与考核

减刑、假释是通过法院裁决来实现的刑罚执行制度，其价值的正常发挥，必须有正当的程序来保障，因此在我国刑事诉讼法规定了一审程序、二审程序、审判监督程序、简易程序后，应确立减刑、假释的专门开庭审理程序，统一规制操作规程，使减刑、假释有一个法定的归宿，杜绝减刑、假释的多样化操作方式，通过程序的正当来实现减刑、假释制度实体的公正。

由于监狱的高度封闭管理，长期以来，对罪犯表现的考核主体始终是执行机关——监狱或未成年犯管教所，由执行机关对罪犯的生产、生活制订“百分考核标准”，并依据考核结果，对罪犯提请减刑、假释，检察机关、法院实质上成为手续的承办者。这种考核制度，一方面权力过于集中，缺乏了监督制约，不宜体现法律的公平、正义；另一方面不能正确考核犯人的综合表现。因此，应建立新型的考核制度。首先，考核的主体，应是由法院组织和指定的由教育学、心理学、社会学等专业人士组成的鉴定机构。考核的内容，既包括罪犯犯罪的原因和心理是否已消灭，也包括罪犯现实改造的表现，同时，还包括对罪犯再犯预测的评估。综合分析后，对犯罪人作出科学、客观的评判。另外，鉴定机构所作鉴定结论只能作为裁决的重要证据，却不能作为唯一依据，是否减刑、假释要通过开庭审理后才能作出决定。

第六章　未成年人刑事前科制度和累犯制度

第一节　未成年人刑事前科制度

一、未成年人刑事前科制度概述

青少年时期，是一个人由幼稚向成熟转化的过渡时期，文化知识和社会知识相对粗浅，辨别是非善恶及控制自己行为的能力比较弱，理智约束不了感情，感情却很容易支配行为。这些弱点决定了青少年行为的单纯性、盲从性、易变性等特质。青少年犯罪多出于不具备法律常识，或是一种本能的失控反应，没有形成反社会的犯罪人格。

未成年人的人格具有极强的可塑性，未成年人犯罪也比较容易得到矫治。未成年罪犯的转化，需要一个宽松的社会环境、足够的悔改余地和继续发展的空间。对于犯罪的未成年人而言，刑罚本身或许并不是最严厉的惩罚，最令他们感到痛苦的是这个人生污点可能将伴其一生，对他们日后的生活产生无穷障碍，他们将被永远贴上了一种“社会标签”。因为生活在这样的阴影中，他们可能会自卑或自暴自弃、放纵自我，以致酿成新的犯罪隐患，甚至逐渐演变成一个反社会者，并最终形成犯罪人格。这非常不利于未成年罪犯的改造和矫正，特别不利于对未成年犯的教育和挽救，不利于其正常回归社会。

（一）我国现在的刑事前科制度

刑事前科，是指因犯罪受过有罪宣告或被判处刑罚的事实。前科的存在对前科者存在一系列的消极影响，意味着社会作出了对其不利的否定评价。前科制度包括前科报告制度和前科消灭制度。

我国刑法中只规定了前科报告制度，没有规定前科消灭制度。根据我国 1997 年《刑法》第一百条的规定："依法受过刑事处罚的人，在入伍、就业的时候，应当如实向有关单位报告自己曾受过刑事处罚，不得隐瞒。"这一规定并未将未成年人排除在外，从而为其顺利复归社会设置了障碍，对未成年人来说意味着在学习、工作、生活等诸多方面会受到歧视和不公平待遇，而这些困难往往增加了未成年人回归社会的难度。刑事前科对未成年人的影响不仅表现在对其重新犯罪的处理上，更深、更广的影响则表现在对他们的就业及其社会评价等方面。例如，《中华人民共和国法官法》、《中华人民共和国检察官法》和《中华人民共和国人民警察法》规定，曾因犯罪受过刑事处罚的，不得担任法官、检察官、警察。由于当前社会上对有犯罪经历者排斥、拒绝、歧视的现象仍普遍存在，前科报告不利于曾犯罪的未成年人建立正常的人际关系，不利于他们获取平等的发展机会。此外，我国《未成年人保护法》第四十四条、《预防未成年人犯罪法》第四十八条均规定了未成年犯罪人在复学、升学、就业等方面与其他未成年人享有同等的权利，任何单位不得歧视。未成年人的前科报告制度显然同上述法律规定是有冲突的。

2011 年 2 月 25 日发布的《刑法修正案（八）》第十九条在刑法第一百条中增加一款作为第二款："犯罪的时候不满十八周

岁被判处五年有期徒刑以下刑罚的人，免除前款规定的报告义务。”这一款用立法的形式免除了部分未成年刑事前科报告义务，是将来进一步确立刑事前科消灭制度的开端，显示了我国对未成年人的保护力度的加强。

（二）建立未成年人刑事前科消灭制度的理论基础

刑事前科在法律属性上应定位为“刑罚的后遗效果”，是刑罚的“副产品”，所以刑事前科制度，其目的应当和刑罚目的一致，即要有利于预防犯罪。犯罪学中关于犯罪原因的理论，尤其是那些从社会及其组织制度角度来研究犯罪原因的理论，应当成为刑事前科制度的理论依据，如标签理论和羞耻感重新整合理论。①

1. 标签理论

该理论认为，人一旦犯罪，面对公众谴责和坏人的标签，很难保持一种积极的自我形象。他们会对公众谴责和坏人标签产生消极认同，从而产生更严重的犯罪行为。如果未成年人初犯被发现和处理，就会被司法机关赋予犯罪人的身份，其他人将会对这些未成年犯形成标签化的看法。未成年犯感知和接受了这些看法会形成并加强“自己是犯罪人”这样的自我身份认知，并且按照这种自我认知，不断修正自己的行为，使行为与自我认知相匹配，即不断作出和身份相符的犯罪行为。可以说，未成年人再犯是被贴上坏标签、适应人们对他的初犯作出反应的结果。

犯罪前科，实际上就是一种贴在他们身上的不良标签。外界根据这样的标签容易对其产生“罪犯”的印象。而未成年人身心尚未成熟，对于外界的反应很容易产生认同，在与社会频繁的

① 杨宇冠、崔巍：《从国际规定看未成年人犯罪记录消灭制度》，载《检察日报》2009年7月7日第3版。

观念互动过程中，他们会逐渐形成和强化“罪犯”这种自我认知，在这样的认知的指导下，继发犯罪行为往往就产生了。因此，对于未成年罪犯，应当要去烙印化，在符合一定条件的时候，注销其犯罪记录，使其不致因长期甚至永久背负犯罪记录，而受到社会的歧视，被剥夺或限制过多的权益和机会，从而为其重返社会创造条件。

2. 羞耻感重新整合理论

该理论认为，羞耻感是一种遏制犯罪的心理因素。因此，社会应当羞恶犯罪人，使其感到羞耻，从而预防再犯。但是，羞耻分为烙印化和重新整合两类。烙印化的羞恶行为，存在着切断罪犯回归之路的风险，反而可能迫使其归入那些同样被打上犯罪烙印而又没有出路的人群之中。因此，应当重新整合羞恶过程，即在让罪犯感到羞耻的同时，国家和社会应当向罪犯保证，如果他们改过自新，社会就会再次接纳，而不会继续羞恶他们。

刑事前科是罪犯的污点和耻辱，是对其的一种羞恶，对于特殊预防来说有心理上的制约作用，对于一般预防来说有威慑和警醒的功能。但刑事前科不应当是烙印化的和永久性的，让犯罪人一生都受到不利影响。对刑事前科制度应“重新整合”，应保持对罪犯的尊重，以让其回归社会为出发点，在承认刑事前科存在的同时，建立刑事前科消灭制度，既让罪犯建立对罪恶的羞耻感，又让其通过改过自新换取其前科的消灭，更好地回归社会。对于未成年罪犯，更是如此。未成年人一旦犯罪，就要一直背负着刑事前科，这是烙印化的羞恶，会将其逼进再犯罪和再羞恶的恶性循环之中，阻碍了其回归社会。因此，确立未成年人刑事前科消灭制度，是对刑事前科制度的“重新整合”，以达到预防再犯目的的必然要求。

二、我国建立未成年人刑事前科消灭制度的意义

(一) 有利于实现刑罚目的

刑罚的目的是国家确立、适用与执行刑罚所追求的客观效果。刑罚的目的是报应和预防的辩证统一。刑罚之于已然之罪，表现为惩罚；刑罚之于未然之罪，表现为教育。[①] 未成年人前科消灭，首先对犯罪的未成年人按照罪刑法定、罪刑相适应原则，根据其犯罪的主观恶性和客观危害性依法进行了惩处，实现了刑罚的报应目的；同时为了实现特殊预防目的，对符合条件的未成年人所犯罪行进行消灭，不记入档案。前科消灭更侧重于特殊预防，立足于减少未成年人重新犯罪的机会，避免曾因一时失范而失足的未成年人在以后的社会生活中受到歧视，从而破罐子破摔，滑向更为严重的犯罪深渊。

(二) 符合我国未成年人犯罪现代刑事政策要求，有利于未成年人回归社会

对犯罪的未成年人的处置，我国历来都是把教育、感化、挽救放在最重要的位置，对未成年人适用刑罚的最终目的是为了挽救未成年人，使其早日回归社会，成为对社会有用的新人，这是我国一贯倡导对待未成年人犯罪的刑事政策核心所在。未成年人曾经被宣告有罪或者被判处刑罚的刑事前科的存在，意味着社会的否定性评价。他们在复归社会之际，绝大多数是抱着美好的愿望和决心，但又往往心理压力很大，心理敏感脆弱，遇到困难和挫折时情绪极易沮丧消极，在这些不良诱因的刺激下，很有可能重新走上犯罪的道路。可见，刑事前科的存在不仅使未成年犯罪人的社会地位下降，而且往往会阻断未成年犯罪人回归社会、重

---

① 陈兴良著：《刑法哲学》，中国政法大学出版社 1997 年版，第 359 页。

新做人的道路。

（三）顺应世界刑事立法潮流，有利于完善我国未成年人刑事法律体系

前科消灭制度肇始于法国，是自17世纪后半叶在君主赦免权基础之上发展起来的。在法国的现行法律中，除1994年的新刑法典设专节规定刑事污点消灭内容外，还在刑事诉讼法典中专门对未成年人刑事污点的消灭作了全面而又具体的规定。法国的未成年人刑事污点消灭制度确立后，由于成效显著，世界各国纷纷仿效，现在已经成为世界上绝大多数国家和地区普遍采用的一项刑事制度。我国应该在借鉴其他国家立法经验的基础上，通过立法，建立符合我国国情的未成年人刑事前科消灭制度，完善我国未成年人刑事法律体系。

三、国外未成年人刑事前科消灭制度

前科消灭制度是世界各国未成年人刑事立法的潮流和趋势。未成年人犯罪前科问题的特殊化，是一个世界性的趋势。正如加拿大副检察长鲍勃·克卜兰倾十年之力拟定的《少年犯罪法》中所说，虽然少年罪犯要对他们的非法行为负责，但施加于他们身上的后果却不能像一般法庭对成年犯所实施的那样严厉，因此一个少年罪犯如果已经结束处罚，而且在一定时间内未再犯罪，其档案就得销毁。因为当他的表现已经证明值得这样做的时候，就应给予他重新做人的机会，以保证在“法律上”承认这个少年没有罪了，他就不会因为曾犯过罪而面临各种“丧失资格”的情形。同时在档案销毁之前只有法定的特殊人员才能使用档案，未被批准泄露档案属于犯罪。

（一）联合国关于未成年人犯罪记录的国际准则

为了保护未成年人的合法权利，预防未成年人犯罪，联合国

制定了一系列关于未成年人司法和待遇的国际准则，包括《联合国少年司法最低限度标准准则》（“北京规则”），《联合国预防少年犯罪准则》（《利雅得准则》）和《联合国保护被剥夺自由少年规则》。此外，《公民权利和政治权利国际公约》中也有关于未成年人案件程序的规定。这些文件考虑到了未成年人的特点，以促进未成年犯罪人回归社会为出发点，明示或暗示了对未成年人犯罪记录的处理态度与要求。

《联合国少年司法最低限度标准准则》第八条规定：“应在各个阶段尊重少年犯享有隐私的权利，以避免由于不适当的宣传或加以点名而对其造成伤害。原则上不应公布可能会导致使人认出某一少年犯的资料。”第二十一条作了进一步规定：“对少年罪犯的档案应严格保密，不得让第三方利用。应仅限于与处理手头上的案件直接有关的人员或其他经正式授权的人员才可以接触这些档案。少年罪犯的档案不得在其后的成人讼案中加以引用。”这些规定实际上要求在未成年犯刑事诉讼的各阶段以及刑罚执行完毕以后，建立起未成年犯犯罪记录的保密和消灭制度，以保护未成年犯的隐私，使他们不至于长期被看成是“罪犯”，受到不应有的歧视，从而为其早日回归社会提供一个有利的环境。

《联合国保护被剥夺自由少年规则》第十三条规定：“被剥夺自由的少年不应因有关这一身份的任何理由而丧失其根据国内法或国际法有权享有并与剥夺自由情况相容的公民、经济、政治、社会或文化权利。”第十九条规定：“所有报告包括法律记录、医疗记录和纪律程序记录以及与待遇的形式、内容和细节有关的所有其他文件，均应放入保密的个人档案内……非特许人员不得查阅……释放时，少年的记录应封存，并在适当时候加以销毁。”

《联合国预防少年犯罪准则》第五条（d）项规定：“维护所

有青少年的福利、发展、权利和利益。”该条（f）项规定：“……把青少年列为‘离经叛道’、‘违规闹事’或‘行为不端’，往往会助成青少年发展出不良的一贯行为模式。”尽管该文件未明确指出应当建立未成年人犯罪记录消灭制度，但认为应当维护所有未成年人的权益和发展，包括未成年犯；如果对未成年犯贴上“不良”、“罪犯”这样的标签，将影响他们今后的发展，会迫使其持续的作出不良行为。这实际上就暗示了要平等对待未成年犯，不能对其标签化，其犯罪记录应能够消灭。

《公民权利和政治权利国际公约》第十四条第四款规定：“对少年的案件，在程序上应考虑到他们的年龄和帮助他们重新做人的需要。”这就要求未成年人犯罪记录制度应当要以未成年人的身心特点为根据，以帮助未成年犯教育改造、回归社会和重新做人为出发点和归宿。

（二）其他国家和地区未成年人刑事前科消灭相关立法

不仅是联合国相关文件载有未成年人犯罪记录保密和消灭制度的规定，许多国家也对此作了特别规定。

在美国，《美国法典》第5038节专门规定了未成年人犯罪记录的使用规则，明确了未成年人犯罪记录保密制度。

英国《前科消灭法》规定了前科消灭制度。此外，1999年《少年司法与刑事证据法》还设立了少年犯罪小组，该小组与罪犯及其家庭共同努力，以实现对受害者的赔偿，实现罪犯重新融入社会，对其行为所产生的后果承担责任。如果这些任务得以实现，罪犯将会获得无条件释放并且不保留犯罪记录。

1974年，联邦德国《青少年刑法》第九十七条规定，如少年刑事法官确信，被判处少年刑罚的少年犯用无可指责的行为证明自己是一个正直的人，他就以官方的名义，或者根据被判刑的犯罪分子的家长或者法定代理人的申请，宣告取消刑事污点。根据检察官的申请，或者在提出申请时，被判刑的犯罪分子尚未成年的情况下，根据少年刑事诉讼协理机构的代表的申请，也可以取消刑事污点。不过，这项规定只能在服刑期满或者免刑后的两年宣布，除非被判刑的犯罪分子表现很好特别值得提前取消刑事污点。在执行或者考验期间，不许可作出这种规定。

俄罗斯联邦《刑法典》于第八十六条对前科消灭作了一般性规定。在此基础上，第九十五条规定了未成年人的前科消灭制度："对于年满十八岁之前实施犯罪的人，本法典第八十六条第三款规定的消灭前科的期限应予缩短，分别为：（1）因轻罪或中等严重的犯罪而服剥夺自由刑的，服刑期满后经过1年；（2）因严重犯罪或特别严重犯罪而服剥夺自由刑的，服刑期满后经过3年。"还规定，未成年人的刑事前科依法定程序被撤销后，在认定累犯时不得计算在内。刑事前科消灭后，与刑事前科有关的一切法律后果便不复存在。

日本《少年法》第六十条规定，少年犯刑期执行完毕或免予执行，适用有关人格法律的规定，在将来得视为未受过刑罚处分。

在法国的现行法律中，除1994年的新刑法典设专节规定刑事前科消灭内容外，还在刑事诉讼法典中专门对未成年人刑事前科的消灭作了全面而又具体的规定。该法典第七百七十条规定，对未满18岁的未成年人作出的裁判决定，在此种决定作出起3年期限届满后，如未成年人已经得以再教育，即使其已经达到成年年龄，少年法得应其本人申请、检察机关申请或依职权，决定从犯罪记录中撤销与前项裁判相关的登记卡；经宣告撤销犯罪记录登记卡时，有关原决定的记述不得留存于少年犯罪记录中；与此裁判相关的犯罪记录登记卡应销毁……但是，只有徒刑已经服毕，罚金已经支付，以及如此宣告的附加刑规定有确定的期间，只有经过此期间后，才能撤销登记卡。

澳大利亚的青少年犯罪起诉法规定，警方对未成年人的犯罪记录不能保留到其成年之后，以便其以无犯罪记录的身份进入社会，过正常人的生活。若被法院宣告无罪释放的，该青少年犯罪的一切案件档案资料，也必须销毁。

1971年修正的瑞士《刑法》第九十九条，也规定了类似的未成年人犯罪“处罚记录之注销”的制度。

我国台湾地区的“少年事件处理法”（1981年修订后颁布）第八十三条规定：“少年受管训处分或刑之宣告，于执行完毕或赦免后，五年内未再受管训处分或刑之宣告者，视为未曾受过该宣告。”

上述国家和地区的司法和立法实践表明，这一制度对于预防未成年人犯罪和重新犯罪具有明显的效果，且已成为世界刑事立法的潮流和趋势。我国的刑事法律体系在预防未成年人犯罪和重新犯罪方面有很多规定，但是和其他国家和地区相比尚有不尽完善之处。

四、刑事前科消灭基层试水过程

从年龄、心理和社会环境来说，未成年人犯罪都有自己的特殊性，不能一日为罪，终生为罪。前科消灭制度体现了从尊重人性、体现人文精神的层面保护未成年人权益。最高人民法院在2009年3月发布的《人民法院第三个五年改革纲要》中提出，要配合有关部门有条件地建立未成年人轻罪犯罪记录消灭制度。

（一）河北省石家庄市

近年来，河北省石家庄市长安区法院在全国首开先河，[①] 提出了未成年人前科消灭的实施办法，制定了《关于未成年人前科消灭办法试行方案》（以下简称《方案》），以加强对犯罪的未成年人的挽救和保护，激励失足未成年人改过自新。该方案制定的法律依据是我国的《预防未成年人犯罪法》和《未成年人保护法》。《预防未成年人犯罪法》第四十八条规定："依法免予刑事处罚、判处非监禁刑罚、判处刑罚宣告缓刑、假释或者刑罚执行完毕的未成年人，在复学、升学、就业等方面与其他未成年人享有同等权利，任何单位和个人不得歧视。"《未成年人保护法》第五十七条第三款也规定："解除羁押、服刑期满的未成年人的复学、升学、就业不受歧视。"

《方案》规定了未成年人前科消灭的适用条件：一是适用主体条件为犯罪时已满 14 周岁未满 18 周岁，受到刑事处罚的人。二是适用刑罚条件要求未成年犯罪人犯罪情节轻微，认罪并有悔改表现，被判处管制、拘役、3 年以下有期徒刑，不是累犯。三是适用时间条件为刑罚执行完毕之后，在 1～3 年考察期内无再违法和犯罪的行为。

《方案》确定了前科消灭的责任机构，由政法委牵头，成立由公、检、法三部门专职人员组成的前科专门评审委员会，负责前科能否消灭的各项相关事宜的审查和确认活动。

《方案》设置了确认前科消灭的程序。第一，申请程序：凡符合条件的未成年犯罪人，在刑事处罚执行完毕之后一个月内，

---

① 《石家庄首尝未成年人前科消灭：撕掉"犯罪人"标签》，载《21 世纪经济报道》2003 年 12 月 16 日，http://finance.sina.com.cn/roll/20031216/1046563015.shtml。

向原审判机关提交"前科消灭"申请书和保证书；原审判机关将对申请人的判决书以及其申请书、保证书提交给评审委员会；评审委员会指定两人组成专门考察组，负责对申请人的考察和鉴定。第二，审查程序：考察组负责根据案情，确定考察期，一般为1~3年；考察组在考察期内对申请人进行跟踪、调查、记录，及至必要的劝导和教育；考察期满后，由考察组制作"前科考察鉴定书"，并提交评审委员会。第三，确认程序：评审委员会对考察组提交的鉴定书进行集体审议之后，由评审委员会对申请人直接质询；经过审议、质询后，评审委员会作出是否通过消灭前科的结论；根据结论，考察组对通过批准的申请人制作"前科消灭证明书"，对未通过批准的申请人制作"驳回前科消灭的通知书"。

《方案》明确了前科消灭的法律后果，即"前科消灭"证明书送公安部门、检察部门备案；取得"前科消灭"证明书的人，有权要求其刑事处罚法律文书不再计入其户籍及人事档案，相关部门应以适当方式处置其前科材料；持有该证明书的人，在复学、升学、就业等方面与其他人地位相同。

《方案》对未成年人犯罪实施"前科消灭"的办法，是个创举，对我国的司法制度改革是一种积极探索，对有一般性犯罪的未成年人的再改造很有价值，体现了法律的人文关怀精神。

（二）上海市

2004年，长宁区检察院就开始了未成年人刑事污点限制公开制度探索。2006年，上海市检察机关逐步推广试点"探索未成年人案件刑事污点限制公开"制度，即在对涉案未成年人作相对不诉处理后，其《不起诉决定书》可以不进入人事档案，保存于司法机关，并予以有条件的封存，非经批准不得向外披露。对象一般为检察机关作出不起诉决定、法院判处3年以下有期徒刑的未成年人。

据上海市检察院初步统计，目前上海市已经对65名轻罪未成年人施行了污点限制公开。其中，有46人顺利就业，17人继续升学（其中已有4人被大学录取），2人出国。

上海市检察机关的这一举措具有重要的司法实践意义，为未成年人配套立法工作，进一步推动中国特色少年司法改革进程积累了经验。该制度有利于犯罪未成年人回归社会，有利于其改过自新。

（三）山西省太原市

从2010年1月1日起，山西省太原市实施未成年人前科消灭制度，犯罪情节轻微并且通过3年考察的未成年人，犯罪记录将不再记入户籍登记和人事档案。这一举措在全国尚属首次。

按照太原市《未成年人犯罪前科消灭制度》规定，未成年人犯罪时已满14周岁未满18周岁；轻微犯罪，初犯、偶犯，主观恶性不大，判处3年以下有期徒刑；经过1年考察期，没有再重新犯罪，其家属就可以申请取消未成年人的犯罪记录。对于初犯和偶犯，经过社区矫正，加上一年的考验期，这期间没有出现违法犯罪行为，他们的犯罪记录将被撤销，减轻他们身上的包袱，保护他们更好地成长。30多名提出申请取消前科的未成年人中，有8人已获得消除。他们的司法档案被全部加密封存，没有特殊原因，任何个人和单位不得调阅。在犯罪前科消灭后，当事人的犯罪事实不再对社会公开，不再将当事人的刑事处罚事项记入人事档案和户籍登记，已经记入的予以撤销。学校、用人单位不得因其曾经犯罪而拒绝其复学、升学、就业和录用。

（四）山东省德州市

在山东，根据2010年10月1日起施行的《山东省未成年人保护条例》，为加强对未成年人的司法保护，山东省将试行未成年人违法记录和轻罪犯罪记录有条件消灭制度。这一制度已经在山东德州等地开始试点。

山东省德州市综治委、法院、公安局、教育局等十部门日前联合出台《德州市未成年人轻罪犯罪记录消灭实施细则（试行)》，决定对轻微犯罪的未成年人实行“前科消灭”，以充分保证这些未成年人升学、就业的权利。此前，德州乐陵市已率先进行一年多的试点。期间为 19 名未成年犯罪人适用了“前科消灭”制度，收效良好，因此德州市 2010 年决定在市级辖区范围内推行这一做法。

根据德州市规定，未成年人轻罪犯罪记录消灭适用于犯罪时已满 14 周岁不满 18 周岁，犯罪情节较轻，依法被判处 3 年以下有期徒刑、拘役、管制、判处缓刑、单处罚金或免予刑事处罚，在一定的考察期限内未重新犯罪和未被劳动教养、少年收容教养、治安拘留、强制隔离戒毒、收容教育，且确有悔改表现的未成年人。户籍在德州市辖区内的未成年人犯罪后，符合以上情形，可以向作出一审判决的法院提出申请，由相关法院按程序决定轻罪“前科”记录消灭。同时，对轻罪犯罪记录消灭的未成年人，在就学、就业以及从事法律没有明确限定的职业时，与其他人享有同等权利，免除其报告义务，学校、用人单位不得因其曾经犯罪而拒绝其复学、升学、就业和录用。

（五）江苏省徐州市

2010 年，江苏省高级人民法院提出，要各级法院探索和实施未成年人犯罪前科消灭制度，为失足未成年人改造创建良好的学习和就业环境。

2010 年 7 月 8 日，在徐州市鼓楼区法院与徐州金枫制帽有限公司“共建‘更生人’再就业帮扶基地”揭牌仪式上，该法院宣布，在江苏率先试行“未成年人犯罪前科消灭制度”，8 名未成年罪犯当月下旬成为第一批受益人。①

徐州市对未成年犯罪人“前科消灭”适用四种犯罪情形：被判处有期徒刑3年以下或拘役、管制、免除刑罚、单处罚金的；被判处3年以上5年以下有期徒刑的，刑罚执行完毕后1年内不再故意犯罪的；被判处5年以上10年以下有期徒刑的，刑罚执行完毕后3年内不再故意犯罪的；被判处10年以上有期徒刑的，刑罚执行完毕后5年内不再故意犯罪的。这些适用情形，通常是指那些主观恶意小，罪行较轻，经过处罚能够改过自新，不再危害社会，具有积极人生愿望的未成年人。涉及危害国家安全的犯罪，毒品犯罪，严重暴力犯罪的首要分子、主犯等主观恶意程度较深的犯罪，构成累犯的犯罪，都不在“前科消灭制度”之列。

根据徐州市鼓楼区综治办、法院、检察院、公安、司法、人事、教育、社会保障等11个部门会签的文件，“前科消灭”后，未成年人犯罪的档案被永久封存，由相关司法部门加密保存，与前科有关的犯罪事实，将不在对社会公开的任何档案中载明。当未成年人找工作、升学填写表格中“有无犯罪记录”一栏时，可以直接填写“无”。若有需要，相关部门可出具证明。鼓楼区还规定，这些未成年人的“犯罪前科”消灭后，任何单位和个人不得以他们曾经犯罪为由，在一般的升学、就业、经营等方面进行歧视，学校、用人单位不得因其曾经犯罪，而拒绝其复学、升学、就业和录用。当然，前科消灭后重新犯罪的累犯，不享受上述权利。此外，前科消灭后，他们不能进入法律有明文规定的参军、报考公检法等职业。

---

①　于英杰：《江苏徐州试行未成年人犯罪前科消灭制度》，载《扬子晚报》2010年7月8日。

为了慎重消灭未成年人的犯罪前科，徐州市鼓楼区法院设定了严格的审核程序。例如，被判处有期徒刑3年以下或拘役、管制、免除刑罚、单处罚金的未成年人，在刑罚执行完毕后的30日内，本人及其法定代理人要提交申请，由有关部门进行审查。审查内容包括：犯罪时是否为未成年人，有没有毒品、暴力等主观恶意较深的严重犯罪，是不是累犯等。每种不同刑罚执行完毕后，都有一个不再犯罪的期限，那就是考察期。由法院、检察机关、公安等部门组成考察小组，在考察期内，他们表现如何，有关部门要到其学校、居委会、治安等部门以及家庭、邻居间走访摸底，查看他们是否改过自新，有没有进步表现。经过一段时间的考察后，有关部门得出一个综合全面评价，合格后才能消灭犯罪前科。

这项制度从前科消灭的条件、期限、审核、法律后果都作了严格规定，目的是唤醒犯罪的未成年人的悔罪意识，培养和提高他们辨别是非的能力，为更多未成年人清白地走上社会扫清障碍。

这一创新也面临法律依据的矛盾。最高人民法院在文件中指出，有条件的地区，可以建立未成年人轻罪犯罪记录消灭制度，明确其条件、期限、程序和法律后果，这是鼓楼区法院出台该举措的主要依据。但刑法则规定了“前科报告制度”，未成年人有犯罪记录的，在升学、就业时要向有关部门和单位如实交代。

建立未成年人犯罪前科消灭制度有利于有犯罪前科的未成年人顺利回归社会，是保护未成年人特殊群体的需要，也是世界各国保护未成年犯罪人的趋势和潮流。上述进行的少年司法改革是中国在转型期中下级司法机构作的一些改革的尝试，如果尝试成功将会对全国性的立法和司法起到示范作用。但是，目前中国推行前科消灭制度遇到的最大障碍就是法律制约。实施未成年人前科消灭制度的时机还不成熟，至少还有三个问题需要面对：一是法律依据问题；二是程序的可操作性问题，具体实施中谁来承担消灭前科的职责、各有关部门如何分工等都还需研究确定。2011年《刑法修正案（八）》明确规定，犯罪的时候不满18周岁被判处5年有期徒刑以下刑罚的人，免除前款规定的报告义务。这为将来我国建立未成年人前科消灭制度起了一个开端作用。

五、完善我国未成年人刑事前科消灭制度

我国的未成年人刑事前科消灭制度应当分别在刑法和刑事诉讼法，或者在将来制定的关于未成年人的相关法律中作出专门规定。

结合我国司法实际，可以规定：

第一，在司法机关建立专门的未成年人犯罪档案库，对未成年人犯罪记录统一管理。在档案库规定合理的存档期限和消灭条件，设置专门机构和人员，建立“前科”档案保密制度，加强对档案的严格管理，不得泄露档案内容，除司法机关外，任何人不得借阅、复制、摘抄未成年人犯罪记录档案。

第二，消灭前科也需要谨慎，应该科学地设置考察期限，并建立全面的风险评估体系，在消灭前科之前由第三方专业机构进行风险评估，评估其不至于对社会造成再次伤害才可以消灭记录。

第三，制定一系列相关配套的衔接机制保障实施过程不“断层”。检察院和法院在作出未成年人刑事处罚记录消灭的决定后，应当通知保留未成年人档案的相关机构，不得披露该未成年人犯罪记录，受刑事处罚的法律文书不再记入其户籍及人事档案。寻求制度配合，建立与社区矫正和社会帮教制度有效对接机制，发挥整体联动的合力。

第四，不能依据存在已被消灭的刑事前科为由，认定该未成年人属于再次或者多次犯罪，从而影响对该未成年人的定罪与量刑。

第五，设置明确的消灭程序和有效的监督措施，这样可以有效避免过度自由裁量，最大程度避免人情关系，也为未成年人轻罪记录有条件消灭制度提供程序保障。

未成年犯罪人的转化需要一个宽松的社会环境、足够的悔改余地和继续发展的空间。前科的存在，将对未成年当事人产生一系列的消极影响或者不利的法律后果，如导致当事人在民事和行政等方面的资格或者权利受到限制或者被剥夺。取消曾被刑事处罚的未成年人的刑事污点，有利于对他们的教育和感化，使他们改过自新、重返社会。我国未成年犯前科消灭的条件及形式还有待于进一步研究，但毋庸置疑的是，建立适合我国国情的未成年人前科消灭制度，必将为我国未成年人的健康成长创造更好的法制环境。

第二节 未成年人累犯制度

刑事前科制度与累犯制度有一定的联系。对于因犯罪而受过一定的刑罚处罚，刑罚执行完毕或者赦免以后，在法定期限内又犯一定之罪的累犯从重处罚是世界各国通行的做法。刑法理论界的通说认为，累犯从重处罚的理论根据，首先在于累犯的主观恶性和人身危害性较大；① 其次在于累犯的出现会削弱国家法律的权威，不仅使刑法所固有的权威与尊严为社会公众所怀疑，而且是对潜在犯罪人的鼓励，使他们进一步产生藐视国家刑法的心

① 高铭暄主编：《刑法学》，法律出版社 2003 年版，第 261 页。

理，从而将犯罪的倾向逐步变为犯罪的行动；最后在于累犯的出现对社会心理秩序造成较大的破坏性。①

设立累犯制度的目的在于累犯主观恶性大、人身危险性强、严重危害社会，不从重处罚不足以威慑犯罪和保护社会。但是，未成年人的可塑性强，与成年人犯罪不可同日而语，应当区别对待；对未成年人犯罪与成年人犯罪一样适用累犯制度，不利于对未成年人的特殊保护。国外刑事立法规定未成年人构成累犯的也较为少见，有一些国家还明确规定了构成累犯的最低限制年龄，如英国规定不满 22 周岁的人不构成累犯，俄罗斯联邦《刑法典》规定一个人在年满 18 周岁之前实施犯罪的前科在认定累犯时不得计算在内。因此，不论从便利司法操作，还是保护未成年人的角度，对未成年人适用累犯制度都是不妥当的。

我国 1997 年《刑法》第六十五条、第六十六条明确规定对累犯应当从重处罚，从这两条的规定看，刑法并没有否定不满 18 周岁的未成年人构成累犯的可能。但是，2011 年 2 月 25 日发布的《刑法修正案（八）》第六条将刑法第六十五条第一款修改为："被判处有期徒刑以上刑罚的犯罪分子，刑罚执行完毕或者赦免以后，在五年以内再犯应当判处有期徒刑以上刑罚之罪的，是累犯，应当从重处罚，但是过失犯罪和不满十八周岁的人犯罪的除外。"该修正案明文规定了未成年人不构成累犯。

鉴于彻底贯彻对未成年犯罪人的特殊保护精神，未成年人不能构成累犯的理由如下：

其一，如前所述，未成年人由于生理、心理不成熟，思想波动较大，容易反复，其辨别和控制行为的能力较差。因此，即便

① 高铭暄主编：《刑法学原理》（第 3 卷），中国人民大学出版社 1994 年版，第 294 页。

是再次犯罪的未成年犯罪人，其主观恶性和人身危险性也未必就较大，未必就一定要适用从重处罚的原则。至于屡次犯罪的未成年犯罪人不构成累犯、不从重处罚可能鼓励潜在的未成年犯罪人的问题是不必担心的。未成年人走上犯罪道路，尤其是再次犯罪，并不是法律的宽松，在很多情况下是社会的不良诱惑所致，甚至于有可能是由于社会对他们包容不够，教育、帮助不够，对他们“另眼相看”，歧视、排斥他们，以至于他们自暴自弃，再次犯罪。严厉的刑罚并不必然就能遏制犯罪，这是早已熟知的道理。

其二，未成年人不构成累犯亦有外国的先例可以参照。许多国家的立法例明确规定了未成年人不构成累犯的原则，并已有一定的实践经验。例如，俄罗斯联邦《刑法典》第十八条第四款规定：“一个人在年满 18 岁之前实施犯罪的前科，以及其前科依照本法典第八十六条规定的程序被撤销时，在认定累犯时不得计算在内。”① 埃及刑法规定不满 15 周岁的人不构成累犯，英国刑法规定不满 22 周岁的人不构成累犯。②

我国刑法将未成年人列为不作为累犯的适格主体具有以下几点合理性。

（一）考虑了未成年人的生理和心理特点

未成年人在接受刑罚处罚后再次犯罪，其主观上的可谴责性和人身危险性较未成年初犯固然要大，但他们终究还是未成年人，生理和心理发育尚未成熟，认识世界、辨别是非和控制自我的能力毕竟有限，性格和心理上有可塑性。因此，即使未成年人

① 黄道秀译：《俄罗斯联邦刑法典》，中国法制出版社 1996 年版，第 10 页。

② 糜耀喜、徐建宏：《有关累犯的几个问题研究》，载杨敦先等主编：《新刑法施行疑难问题研究与适用》，中国检察出版社 1999 年版，第 326 页。

再犯罪，其矫正改善的可能性依然大于成年人再犯，仍应坚持教育为主、惩罚为辅的方针。如果把未成年人像成年人一样，作为累犯的适格主体，只要符合条件，就从重处罚，并剥夺其被缓刑和假释机会，这显然没有考虑到未成年人的心理、生理特点，也不利于未成年再犯的矫正改善。

（二）与我国对未成年人特殊保护的立法精神相一致

未成年人作为一个特殊的社会群体，长期以来是我国法律强调保护的对象。《未成年人保护法》第三十八条规定，对违法犯罪的未成年人，实行教育、感化、挽救的方针，坚持教育为主、惩罚为辅的原则。我国刑法就是一部体现充分保护未成年人合法权益精神的刑法典，如未成年人犯罪的，应当从轻或者减轻处罚；对未成年人不适用死刑等。把未成年罪犯不作为累犯的适格主体，是与上述精神相一致的。

（三）与我国设立累犯制度的初衷和目的相一致

设立累犯制度，主要是针对那些主观恶性深、人身危险性大的再犯人，通过规定较为严重的法律后果予以打击，并预防其再次犯罪和初犯者变成累犯。累犯的范围应宽严适度：过于狭小，不能很好地实现打击和预防犯罪的目的；过于宽泛，则一方面使那些主观恶性不深、人身危险性不大的再犯人被划入累犯的范畴，不利于他们的改造。未成年人辨别是非能力和自我控制能力具有一定的有限性，思想不稳定，容易出现反复，因而未成年人在刑罚执行完毕或赦免后5年内，又故意犯罪的，其主观恶性和人身危险性固然比其他未成年犯要大，但由于未成年人可改造性强、可塑性强的特点，对于未成年犯罪人，未必就属于主观恶性较大和人身危险性较大。

第七章　未成年人非监禁刑适用

22年来，我共审结未成年人刑事案件826件，共判少年犯1000余次，其中适用非监禁刑256人。在被判处非监禁刑的少年中，有100余人考入了各类专业学校，22人考上了包括清华大学、北京理工大学、中央戏剧学院等在内的高等院校，3人考取了研究生，2人出国留学深造，其他人也都自立自强，成为遵纪守法的公民，重新犯罪率低于1%。①

尚秀云

第一节　非监禁措施概述

一、非监禁措施的概念

非监禁措施，是指在监狱之外对犯罪人适用的刑事制裁方法的总称。② 根据这个定义，可以得出非监禁措施的一些特点。

① 尚秀云：《我亲历的少年司法之路》，载沈德咏主编：《中国少年司法》，人民法院出版社2009年第1辑，第29页。

② 吴宗宪、陈志海、叶旦声、马晓东著：《非监禁刑研究》，中国人民公安大学出版社2003年版，第24页。

第一，非监禁性。该特点意味着执行这类处罚的方法是不采取监禁的方式。尽管在执行非监禁措施的过程中，可能对犯罪人的人身进行一定的限制，但是这种限制的时间是很短的，人身限制的严重性远远低于传统的监禁刑。同时，限制犯罪人人身的场所也不是在通常所说的监狱之中，这是非监禁措施与传统的、以剥夺犯罪人自由为主的监禁刑或者自由刑的主要区别之一。

第二，行刑方式的多样性。从行刑主体来看，这类处罚方法的执行主体多种多样，可能是由审判机关直接执行的处罚方法，也可能是由刑罚执行机关在社会上执行的处罚方法，还有可能是经审判机关判决后由行政机关或者其他社会有关部门执行的处罚方法。从行刑地点来看，有的是在犯罪人居住的社区中执行，如我国的管制刑。从行刑的时间和对象来看，也多有不同。另外，非监禁措施还有刑事审判权与行刑权融合、惩罚性较轻、经济性等特点。①

非监禁刑措施贯彻了刑罚个别化、行刑社会化和行刑教育性、行刑经济性等原则，是预防犯罪、改造犯罪分子、实现我国刑罚目的的有效武器之一。自美国开创对未成年人犯罪适用非监禁刑先例以后，非监禁刑被世界各国广泛应用于未成年犯。作为一项重要的刑罚方式，非监禁刑的适用在对未成年犯罪人的教育、挽救、改造上具有不可替代的作用。

二、非监禁措施的思想渊源

非监禁措施的哲理渊源主要有边沁的功利主义哲学及其刑罚观、李斯特与实证主义刑事法学和矫正刑思想及现代系统论与哈

---

① 吴宗宪、陈志海、叶旦声、马晓东著：《非监禁刑研究》，中国人民公安大学出版社 2003 年版，第 24 ~ 30 页。

特的“一体化”刑罚思想。

（一）边沁的功利主义哲学及其刑罚观①

虽然兴起于20世纪70年代以后，但非监禁措施的思想渊源却最早可溯源于19世纪英国著名哲学家、法学家边沁的功利主义哲学思想。边沁的功利主义哲学及刑法思想在近现代西方刑法学说史上占有重要的地位，尤其是他的功利主义刑罚对近代刑罚思潮影响极大，其刑罚反映出的一般预防主义和目的刑思想促使英国刑罚指导思想由威慑刑思想逐步转向为等价刑思想，从而废弃了威慑刑时代的不人道性、不平等性和恐怖性，转而追求刑罚的人道性。

（二）李斯特与实证主义刑事法学和矫正刑思想②

在刑事实证学派刑法思想中影响最大的莫过于刑罚论上的矫正刑理论。矫正刑理论是建立在以矫正隔离论为核心的个别预防主义基础上的刑法理论，其最卓越的代表人物无疑是德国刑法学家李斯特。李斯特认为：“任何一个具体犯罪的产生均由两个方面的因素共同使然。”一个是犯罪人的因素，一个是犯罪人的外界的、社会的尤其是经济的因素。因此，在罪犯原因论上他主张行为者人格特点与社会环境二因论，即认为犯罪是行为者个人因素与周围环境因素共同作用的结果。相应地他还主张：“矫正可以矫正的犯罪，使不可矫正的罪犯不为害。”把刑罚视为对于可以教育矫正的罪犯的教育、矫正的手段。矫正刑思想无疑成为了非监禁措施的重要理论渊源。正是矫正刑思想所倡导的行刑个别化和行刑教育化构成了非监禁措施制度建构的理论动因。

---

① 逄锦温：《边沁的功利主义刑罚观探析》，载《法学评论》1998年第6期。

② 崔爱鹏：《李斯特刑法思想初探》，载《辽宁教育行政学院学报》2006年第3期。

（三）现代系统论与哈特的“一体化”刑罚思想①

20 世纪中叶，极富现代气息的系统论等一些新刑罚认识论与方法论的诞生对现代科学研究的影响极大。根据系统论的观点，事物的最佳功效在于其构成要素在整体上的有机组合，而不在于其某一要素。因此，对事物功效的追求应该是以对事物的整体设计、内在结构的相关分析为前提的整体功效的追求。系统论的产生同样在刑法研究领域引发了又一波反思的潮流，以英国法学家哈特为代表的一批学者基于系统论的原理提出了“一体化”刑罚论。主张刑罚的正当性既在于其公正性也在于其功利性，刑罚的目的是一般预防与特殊预防的有机结合整体。“一体化”刑罚论将以往功利主义刑罚观的一般预防与实证主义刑事法学刑罚论的特殊预防思想有机地糅合在一起，从而完成了非监禁措施制度理论大厦的建构。

三、未成年人适用监禁刑的弊端

（一）监禁刑的弊端

从刑罚史的角度考察，人类社会对于犯罪反应的基本手段经历了从死刑、肉刑到监禁刑的演变过程。尽管从目前各国刑罚制度的现状来看，基本上还是处于以监禁刑为主体的阶段，但是，刑罚的轻缓化、人道化已经成为共同的发展方向。

从监禁刑的负面性概括而言主要包括以下几个方面：②（1）监禁刑对改善犯罪人的效果不大；（2）监禁刑使坏人变得更坏；（3）监禁刑不符合人道精神；（4）监禁刑的行刑成本很

① 堪洪果：《法律实证主义的功利主义自由观：从边沁到哈特》，载《西北政法学院学报》2006 年第 4 期。

② 姚建龙：《未成年人犯罪非监禁化理念与实现》，载《政法学刊》2004 年第 5 期。

高；（5）监禁刑的目的与现代刑罚目的不符；（6）监禁刑对被害人无益。正是鉴于监禁刑的诸多弊端，推动刑罚制度改革，降低乃至逐步废弃监禁刑成为许多国家刑法改革的目标，一些国家已经取得了令人瞩目的成就。例如，德国自1970年起，法院判处罚金刑的案件急剧增加，自由刑的比重相应下降。1990年依据普通刑法典的判决中，罚金刑占83.3%；进入90年代以后，罚金刑在判决中的比重上升到90%以上，自由刑却不足10%。1991年，德国大约有84%的被判刑的成年人被处以罚金刑，只有约16%的行为人被科处自由刑，而这其中又有68%的行为人被给予缓刑交付考验；判处1年以下自由刑被缓刑的比例更是高达75%。在1991年大约只有5%的被判刑的未成年人被实际执行了自由刑。

为了避免监禁刑的弊端，可以有以下几种选择的路径：一是监禁刑的避免适用，即在刑罚选择的时候，尽量采用非监禁性的刑罚和非刑罚处理方法。二是监禁刑的虚置。这主要是指通过缓刑的方法来实现。三是监禁刑行刑的社会化，也就是在必须将罪犯投入监禁机构的情况下，以社会化的方式执行监禁刑，如降低监禁刑的监禁程度，缩小监禁机构、罪犯与社会的隔离度。

（二）未成年人适用监禁刑的弊端

未成年人是不同于成年人的特殊群体，如果对于未成年犯罪人适用监禁处遇，将带来较成年人更为严重的消极性。美国学者指出，被监禁的未成年人，可能受到三重伤害：首先，在整个监禁过程中，社会中的不公正因素将通过成年人间接地影响到未成年人；其次，未成年人不仅在监狱中将承受来自成年人的歧视、剥削，而且还在今后的生活中因有过监禁的经历而在教育、住房、交际等各方面都将受到更多不公平的对待；最后，未成年人在监狱中，可能受到更多的虐待、性侵犯、折磨等。之所以会出现上面三个方面的状况，是因为社会中总是倾向于剥削弱者，而监狱里，未成年人显然是最明显的弱者。[①] 这样的分析，虽然未必全面，却也未尝不深刻地反映出监禁刑对未成年人造成的阴影远远大于成年人。因此，对于未成年犯罪人尽量避免监禁，实现非监禁化，已经成为各国少年司法制度共同的理念。为了促使各国贯彻未成年人非监禁化理念，《联合国少年司法最低限度标准规则》（“北京规则”）第十九条特别强调：“进步的犯罪学主张采用非监禁办法代替监禁教改办法。就其成果而言，监禁与非监禁之间，并无很大或根本没有任何差别。任何监禁机构似乎不可避免地会对个人带来许多消极影响。很明显，这种影响不能通过教改努力予以抵消。少年的情况尤为如此，因为他们最易受到消极影响的侵袭。此外，由于少年正处于早期发育成长阶段，不仅失去自由而且与正常的社会环境隔绝，这对他们所产生的影响无疑较成人更为严重。”“把少年投入监禁机关始终应是万不得已的处理办法，其期限应是尽可能最短的必要时间。”

四、国外未成年人犯罪非监禁处理制度的情况

目前，大多数西方国家根据未成年人的生理和心理特点，着眼于教育、挽救、改造，对未成年犯罪人实行人道主义保护，结合实际情况对未成年人犯罪制定了各具特色的非监禁措施，从预防重新犯罪视角以社会感化途径使之“恢复正常”。

（一）德国

德国的《少年法院法》规定了对少年犯罪案件的矫正措施主要包括教育处分、惩戒措施和保安处分。教育处分主要是对犯

① Maria Grahn - Farley. A Child Perspective on the Juvenile Justice System, The Journal of Gender, Race & Justice, 2002 (Fall)

罪少年进行指示和教育帮助，必要时也可以收容于精神病院或戒除瘾癖的机构进行治疗。惩戒措施主要包括警告、规定义务和少年禁闭。保安处分主要为行为监督或吊销驾驶执照等措施。司法实践中最为普遍适用的是命令教育处分，判处少年刑罚数量的非常少。此外，德国还规定了缓科制度和犯罪记录消灭制度。缓科制度，是指司法机构在对少年适用刑法上犹豫不决时先判决有罪，但暂时不作出刑罚规定，而是确定考验期和观护人进行观护考验，并让其继续就学和生活，依靠社会力量进行教育和矫正。考验期一般为1~2年，如果少年在考验期间有犯罪倾向并达到非判不可的程度，法官可判处原来决定的刑罚；如果没有上述情况发生，有罪判决即告消灭。犯罪记录消灭制度，是指如少年法官确信被判处刑罚的少年罪犯已用行为证明其已改过自新，且经过父母、学校、主管部门的调查，确认少年已改邪归正，可以根据家长、法定代理人、检察官、少年法院帮助机构等的申请，通过决议的形式取消刑事污点。①

（二）澳大利亚

澳大利亚实行的是轻刑化、非监禁化的刑事政策。主要有警告、训诫、少年司法会议、签订行为良好保证书后释放、判处罚金、缓刑释放、从事社区服务、交付儿童感化中心执行监禁。对已经构成犯罪的青少年，如果其犯罪情节较轻且已经认罪、悔过态度较好，可以送交青少年司法会议。青少年司法会议由犯罪的青少年、其法定代理人、其家庭和家族成员、受害人本人或受害人的代理人、青少年司法局的官员（会议召集人）、社区里有威望的人、警察等参加，对犯罪的青少年实行帮教。澳大利亚对犯

① 姜甜甜：《德国少年司法模式介绍》，www.cycs.org/Article.asp? Category = 1&Column = 120&ID = 1065。

罪青少年的改造，大量地运用警告、告诫、社区服务等措施，只有对犯罪情节严重，或尽管犯罪情节不严重但行为人不认罪的，才提交法院。轻刑化、非监禁化的处理使帮教后的青少年的再犯罪率大大降低，取得了显著的社会效果。①

（三）美国

美国处理未成年人犯罪案件，亦较多地采用非刑事方式、社区改造未成年人的方法，不剥夺人身自由或使活动范围受到限制，或做一定的无报酬的服务。此外，罚金并科、假释、司法转处制度较多地适用于未成年人犯罪案件处理中。罚金并科，是指用交纳罚金的方式替换刑罚。司法转处制度，是指认为违法少年生存的环境（如监护不利）不利于其生长，可让未成年人脱离该环境，如交社会公益或抚养机构，主要依靠社会力量对少年犯加以监督、控制，施以感化，使之改恶从善。

（四）英国

英国对少年犯的非监禁刑罚达 11 种之多，包括罚金、缓刑、社区服务、复合命令（将缓刑和社区服务结合）、电子监控、赔偿、有条件的解除指控、完全解除指控、责令犯罪人行为平和守规矩、判决暂不生效、警察警告等。②

五、非监禁措施的价值取向与未成年人犯罪处罚目的的关系

对于某种法律制度而言，一定的价值取向包含了人们对该法律制度的期望、理想和追求，也体现着人们制定法、执行法、遵守法的目标。特定的法律制度的价值取向也在某种程度上反映了

① 陈丹：《澳大利亚少年司法模式介绍》，www. cycs. org/Artide. asp? Category = 1&column = 120&ID = 1066。

② 王运生、严军兴著：《英国刑事司法与替刑制度》，中国法制出版社 1991 年版，第 73 ~ 75 页。

当时社会的文明发展状况。而非监禁措施的价值取向集中体现了人类社会文明的进步。

人道。早在18世纪意大利著名刑法学家贝卡里亚就从人道主义出发对当时欧洲中世纪以来的酷刑制度作了最为猛烈的抨击："难道一个不幸者的惨叫可以从不可逆转的时间中赎回已经完成的行为吗？刑罚的目的仅仅在于：阻止犯罪再重新侵害公民，并规诫他人不要重蹈覆辙。因而，刑罚和执行刑罚的方式应该经过仔细推敲，一旦建立了确定的对应关系，它会给人一种更有效、更持久、更少摧残犯人的形象。"① 英国是启蒙思想的发源地，其刑罚指导思想具有十分浓厚的人道主义传统。因此，非监禁措施在价值取向上首先表现为人道的一面，这主要体现在配刑的适当性和行刑的宽容性上。就配刑而言，非监禁措施基本遵循的是配刑的轻重与犯罪损害的刑法法益相称的原则和"轻轻，重重"的配刑思想，即除严重犯罪以外的轻罪犯尤其是未成年犯尽量适用非监禁措施。就行刑而言，非监禁措施的宽容性体现在对执行非监禁措施的犯人，尽量减少因执行刑罚而给犯人带来的痛苦和不良影响。

谦抑。刑法上的谦抑，又称刑法的经济性或节俭性，是指立法者应当力求以最小的支出——少用甚至不用刑罚（而用其他措施），获取最大的社会效益——有效地预防和控制犯罪。从刑之谦抑的角度而言，谦抑应表现为刑罚适用的限制和行刑有效性的提高，非监禁措施无疑蕴涵了谦抑的价值取向。一方面，它顺应了非刑罚化的趋势。20世纪刑罚发展的趋势是非刑罚化，这是刑罚观念的一次重大历史增变。非刑罚化的主要途径是：控制

① ［意］贝卡里亚著：《论犯罪与刑罚》，黄风译，中国大百科全书出版社1993年版，第42页。

自由刑，选择替代刑和改革监禁刑。而以非监禁措施为代表的新型刑事制裁措施无疑代表了刑罚改革的方向。另一方面，非监禁措施的谦抑性还以行刑的有效性为表征。而从社会资源的投入看，非监禁措施的投入要明显低于监禁刑。

我国修订后的《未成年人保护法》第五十四条规定："对违法犯罪的未成年人，实行教育、感化、挽救的方针，坚持教育为主、惩罚为辅的原则。"《预防未成年人犯罪法》第四十四条第一款规定："对犯罪的未成年人追究刑事责任，实行教育、感化、挽救方针，坚持教育为主、惩罚为辅的原则。"这两部法律明确了对未成年人犯罪惩治的原则和方针，对未成年人犯罪的惩治，一方面是对其所犯错误的处罚，但更主要的通过对其犯罪的追究，达到对其教育、感化和挽救的目的。总的来说，非监禁措施人道及谦抑的价值取向均体现了未成年人犯罪的惩治目的。

第二节 我国未成年人非监禁刑的适用

一、我国未成年人犯罪适用非监禁刑的现实意义

（一）符合当今世界未成年人刑事司法的潮流

目前，各国青少年立法的指导思想都是预防犯罪，保护青少年的健康成长，对于青少年犯罪基本上都是侧重于教育。在1985年第七届联合国预防犯罪和罪犯待遇大会通过的《联合国少年司法最低限度标准规则》（又称"北京规则"）中明确规定了应尽可能减少未成年人的监禁机会，采用更多的替代措施。"北京规则"还列举了非监禁刑处罚的方法有：照管、监护和监督、裁决；缓刑；社区服务的裁决；罚款、补偿和赔偿；中间待遇和其他待遇裁决、参加集体辅导和类似活动的裁决；有关寄

养、生活区或其他教育措施的裁决等。我国作为“北京规则”的缔约国，理应在司法实践中体现慎用监禁刑的原则。2004年，国际刑法学大会所形成的《国内法与国际法下的未成年人刑事责任决议》亦要求对不满14周岁的未成年人应适用教育措施或者其他有矫正作用的替代性措施，禁止超过15年的监禁。我国刑法规定对未成年人犯罪应当从轻或者减轻处罚。2006年修订的《未成年人保护法》第五十四条明确规定：“对违法犯罪的未成年人，实行教育、感化、挽救的方针，坚持教育为主、惩罚为辅的原则。”

最高人民法院《关于审理未成年人刑事案件具体应用法律若干问题的解释》第十一条规定：“对未成年罪犯适用刑罚，应当充分考虑是否有利于未成年罪犯的教育和矫正。对未成年罪犯量刑应当依照刑法第六十一条的规定，并充分考虑未成年人实施犯罪行为的动机和目的、犯罪时的年龄、是否初次犯罪、犯罪后的悔罪表现、个人成长经历和一贯表现等因素。对符合管制、缓刑、单处罚金或者免予刑事处罚适用条件的未成年罪犯，应当依法适用管制、缓刑、单处罚金或者免予刑事处罚。”可见，不管是从国际刑法导向还是立法趋势看，均主要从预防犯罪的角度主张限制自由刑，多适用非监禁处置措施，增强感化力量，促进未成年罪犯复归社会。

（二）有助于推动全社会共同参与未成年人犯罪的防治工程

外在环境对未成年人的成长起着重要作用，任何一个未成年人的犯罪都决不是与社会无关的个人现象。未成年人犯罪，不仅有其自身的原因，还受社会的、学校的、家庭的多方面因素影响。对未成年人的犯罪行为不应孤立地将其看成是其个人的犯罪行为，而应作为一种社会的不良行为。严刑峻法不是防治犯罪的万能良方，犯罪是一个社会的必然现象，是与一定的社会生活条件联系在一起的，因此预防和减少犯罪应当更多地从社会寻找解决之道，不能单纯依赖刑罚消灭或者遏制犯罪。司法实践经验表明，对于未成年人犯罪，一味“下猛药”的单纯惩戒措施只能起到治标的作用。

刑罚的根本目的不在于惩治犯罪，而在于如何有效预防和减少犯罪。在对待未成年人犯罪的问题上，仍然要着力解决“刑法”万能的观念，“刑法应讲求谦抑，立法者应当以最小的支出……少用或者不用刑罚，获取最大的社会效益”。[①] 对未满18周岁的未成年人犯罪的处罚更应当作为青少年保护的一部分，而不是仅仅作为一般处罚的制裁措施。把一切都交给刑罚来调整，把所有未成年罪犯都交由监狱来改造，无疑是在规避和推卸国家、社会和家庭的责任。应当树立从社会整体上考虑如何减少犯罪的价值取向，对少年犯在贯彻执行以教育为主、惩罚为辅的原则前提之下，对情节轻微的犯罪宜尽可能地适用非监禁刑，包括尽可能多地运用非刑罚处理方法，加强全社会对未成年人犯罪的综合治理，加强互动，积极协助、密切配合，通过社会各界的帮教监督促使其更好地改过自新。这同时意味着，预防和有效遏制未成年人犯罪是一个复杂、系统的工程，是全社会的责任，需要多管齐下、综合治理。

（三）宽松的改造环境更易于未成年罪犯的教育和改造

未成年人生理、心理各方面都很不成熟，大部分未成年人犯罪属于冲动型、偶发型犯罪，尚未形成稳定的思想意识，具有很强的可塑性，比成年人更易于教育和改造。因此，对未成年罪犯适用刑罚，应当充分考虑其犯罪动机、手段、背景，考虑是否有利于未成年罪犯的教育和矫正。从实践层面看，未成年人在监狱

---

① 陈兴良著：《刑法哲学》，中国政法大学出版社1992年版，第6页。

服刑不仅易产生“交叉感染”，且会给未成年罪犯造成很大的心理负担，并不利于其改造，在刑满后亦可能受到家庭、学校、社会的排斥，较难重新融入社会，进而破罐子破摔，重新犯罪。因此，对那些犯罪情节较轻微、社会危害性不大、有强烈悔过意愿的未成年人犯罪实行非监禁处理，在很大程度上可减轻实施监禁刑对青少年心理的负面影响，调动其自我改造的积极性，更有利于其身心矫正和恢复正常。

二、我国未成年人犯罪适用非监禁刑现状①

2005～2009 年，我国人民法院共判处刑事生效被告人 4675177 人，其中未成年被告人 420514 人，占全部生效被告人数的 8.99%。2005～2008 年，未成年生效被告人数持续上升，但 2009 年出现明显下降，同比下降 12.70%。在 2005～2009 年判处的全部未成年人罪犯中，被判处轻刑（包括 3 年以下有期徒刑、缓刑、拘役、管制和单处附加刑）的人数为 341887 人，占判决生效人数的 80.75%；被判处非监禁刑的人数为 144220 人，未成年人罪犯非监禁刑适用率为 33.84%，高出全部犯罪非监禁刑适用率 4.45 个百分点。2009 年，未成年人罪犯非监禁刑适用率最高的五个省和自治区是山东、内蒙古、辽宁、黑龙江、青海，适用率分别为 52.01%、45.11%、46.53%、51.55% 和 33.52%。未成年人罪犯非监禁刑适用率高于全部罪犯非监禁刑适用率且差值最大的五个省、市是青海、四川、天津、海南、北京，差值分别为 16.11%、12.54%、12.26%、12.22% 和 12.08%。未成年人犯罪非监禁刑适用率低于全部犯罪非监禁刑

① 本节数据来源：《2005 年～2009 年未成年人犯罪非监禁刑适用情况分析》，载《法制日报》2010 年 11 月 3 日。

适用率的省、市是上海、福建、江西、黑龙江、吉林和浙江。与2005年相比，2009年，未成年人罪犯非监禁刑适用率下降的省区共有10个，其中下降最为明显的是山西、广西和贵州，分别下降了11.12%、6.20%和5.59%。

人民法院在选择非监禁刑时，以适用缓刑为主，管制和单处罚金适用较少。2005～2009年，在人民法院判处非监禁刑的未成年人罪犯中，被判处缓刑的罪犯占82.57%，免予刑事处罚的占5.19%，判处管制的占3.81%，单处罚金的占8.43%。

2005～2009年，在人民法院审理的未成年人犯罪常见案件中，聚众斗殴、故意伤害和寻衅滋事案件适用非监禁刑的比例较高，分别为54.15%、47.03%和42.03%；走私、贩卖、运输、制造毒品，绑架，故意杀人和强奸案件适用比例较低，分别为7.37%、8.26%、12.97%和16.18%。在侵财型案件中，抢劫案件与盗窃案件的非监禁刑适用率基本相同，分别为33.32%和33.39%，抢劫案件的暴力特点未对非监禁刑的适用产生明显影响。

在聚众斗殴、故意伤害、盗窃、抢劫、强奸等未成年人犯罪典型案件中，对未成年人罪犯与全部罪犯的非监禁刑适用率进行对比，前者的非监禁刑适用率要明显高于后者，并且不同案件类型间的差异较大，如在故意伤害案件中二者的差异为4%，而在抢劫案件中的差异为18%。

14周岁以上不满16周岁的未成年犯罪人的非监禁刑适用率要明显高于16周岁以上的未成年犯罪人，但二者的差异呈逐渐缩小趋势，如2005～2009年以来的差值分别为12.72%、11.1%、9.05%、8.43%和7.83%。

从我国未成年人犯罪适用非监禁刑的总体状况来看，对未成年犯罪人的非监禁刑适用率要高于成年犯罪人，但在某些类型的案件中仍有提高的空间，人民法院可以适度放宽适用条件，扩大非监禁刑的适用比例。

第三节 未成年人缓刑制度

尽管我国刑法中规定的非监禁刑包括了缓刑、管制、单处罚金（及其他可单处的附加刑），但是在司法实践中，非监禁刑的适用集中在缓刑上，其他种类适用很少。因此，本节专门对未成年人缓刑制度进行论述。

缓刑具有避免短期自由刑“交叉感染”的弊端，有利于促进罪犯改恶从善与再社会化，以及减少国家经济支出等价值。各国刑法所规定的缓刑主要有刑罚暂缓宣告、刑罚暂缓执行和缓予起诉三种。我国现行刑法只规定了刑罚暂缓执行，即对被判处一定刑罚的犯罪分子，在一定期限内附条件地不执行原判刑罚。

缓刑的适用对于预防未成年人再次犯罪以及重新复归社会的作用尤为明显。美国学者史卡陪第与史第文生曾作过一个极为广泛而深入的缓刑对于未成年犯罪人影响的研究。他们的研究对象是 1962 年 1 月至 1965 年 1 月在新泽西州爱克丝县被判刑的 16 岁至 18 岁的 1210 名男性未成年犯罪人。他们对研究对象追踪至 1966 年 6 月底为止。这 1210 名研究对象被分为四组，最大一组为 943 名的缓刑组，其他三组为受缓刑以外处遇的未成年犯。研究结果表明，缓刑组的再犯罪率远低于受其他处遇组的再犯罪率，且缓刑组成员有较低的反社会性、较佳的社会适用能力与较高的社会责任感。这项研究发现，缓刑组的未成年犯在处遇前后有较大的变化，未成年犯对人的态度、克服困难的能力有显著提高，而接受改造的安纳德勒感化院的未成年犯罪人没多大改善，甚至有变坏的趋势。[①] 因此，应当注重对未成年犯罪人缓刑的适用。实际上，对未成年犯罪人扩大缓刑的适用业已成为国际社会的普遍倾向。联合国第七届预防犯罪和罪犯待遇大会上通过的《联合国少年司法最低限度标准规则》（“北京规则”），更是将缓刑重点列为对未成年犯推荐使用的替代监禁措施。

一、未成年人犯罪适用缓刑的特殊意义

（一）有利于调动未成年犯罪人自我改造的积极性

一方面，未成年人缓刑的适用在保持对未成年犯的犯罪行为处罚的可能性的同时，给予其一次改过自新、重新做人的机会，可以使之深刻体会到党和政府对未成年犯实行教育、感化和挽救的政策，消除对立情绪，珍惜改造机会，悬崖勒马，自觉地弃旧图新，成为合格的社会成员。另一方面，将缓刑的未成年犯放在社会上，接受社会各方面力量的监督、帮助，可以避免监管场所中因“交叉感染”而造成的恶性循环，有利于未成年犯及时得到矫治，从而健康成长。同时，未成年犯也因为有改造不好就可能执行原判刑罚的压力，不得不多方检点，严格要求自己，争取不再执行原判刑罚。实践证明，绝大多数缓刑未成年犯十分珍惜对他们不予关押的宽大处理，遵纪守法，积极接受监督。

（二）有利于调动全社会的力量搞好社会治安综合治理，预防和减少未成年人犯罪

未成年人缓刑的实质就在于依靠社会各界的力量，包括家庭、学校、基层单位以及司法机关等，督促、教育缓刑未成年犯的日常行为要养成良好习惯，慎重交友，避免与社会上各种不法分子交往，并在日常学习和生活中，给予缓刑未成年犯更多的关

① 转引自林山田著:《刑罚学》，台湾商务印务馆1983年版，第227~228页。

心、更热情的鼓励和帮助，防微杜渐，预防和减少再犯。对未成年犯的家人和亲友来说，未成年犯依然生活在亲人之中，他们可以消除因未成年犯被关押所产生的思念、担忧和反感等消极情绪，积极主动地承担起家庭应尽的责任，履行义务，协助司法机关对未成年犯进行有效的教育、帮助。再者，缓刑未成年犯生活在社会大家庭中，其经历本身就是一本很好的反面教材，可以引导、教育周围群众尤其是青少年，以此为前车之鉴，不要走上违法犯罪的道路，这同时也是对社会不安定分子的一个警告，对于加强他们的法制观念，巩固家庭的稳定、社会的稳定有实际的作用。

（三）有利于社会各方接纳未成年犯罪人，创造条件使之重返社会

当前，企业、事业单位、教育部门都面临着转化机制和体制改革，在用人、用工以及就业等方面暴露出来的种种问题，使少年法庭的延伸教育工作处于尴尬的地位。缓刑未成年犯依然以原有方式工作、学习，在保持工作、学习延续性的同时，使有关单位在接纳他们时，有一个逐步适应的过程，通过试工、试读的观察与辅导，可以对未成年犯有一个新的认识，消除偏见，为失足青少年重新做人，返回社会创造一个良好的开端。缓刑未成年犯也可以在正常的学习、生活和工作中，消除“破罐子破摔”的心理，充分发挥自己的长处，不断从自己所取得的成就和他人的鼓励中获得自尊和自信，并加强责任感和自主性。同时，良好的社会环境有利于重铸健康思想，净化心灵，成为对国家有用的人。

（四）有利于减轻劳改机关的压力，集中力量改造重刑犯

目前，我国各级劳改机关都面临着人力、财力、物力的严重不足，劳改场所压力很大、负荷过重。把缓刑未成年犯有条件地

放在社会上进行监督改造，是解决这一矛盾的有效途径之一，事实亦证明行之有效。目前，世界上缓刑制度是最普遍的刑罚制度之一，司法实践中也广泛运用，它不仅体现了新的刑法理论思想，符合刑罚人道化、缓和化、合理化的要求，而且产生了巨大的实际效益。据资料统计，加拿大缓刑未成年犯执行缓刑期间的成功率达 80.5%，只有 6.5% 的人被延长缓刑期；而新加坡的成功率也在 80% 左右，据新加坡当局对 20 世纪 60 年代缓刑未成年犯进行的两次跟踪调查表明：约有 52% 的未成年人在缓刑被释放后，经过 10 年，没有引起任何麻烦，完全重新回到了社会；平均有 27.6% 的人，因为继续犯罪而被收容于监狱。① 在我国，1984 年底，上海市长宁区人民法院率先建立我国第一个少年法庭以来，全国各省市均相继建立了相应的少年法庭，缓刑作为教育、挽救少年犯的有效手段，得到了普遍运用，并初见成效。天津市统计，未成年犯缓刑重新犯罪率为 2.5%；江苏省南通市城区法院少年庭共判处未成年犯缓刑 76 人，未发现有再犯；重庆市沙坪坝区对缓刑期中的 46 名少年犯进行考察的结果是，全部能认真接受改造，不少人在受到社会上犯罪分子的诱惑时，能够加以抵制并及时向监管组织报告。②

二、对未成年人适用缓刑的条件

在我国，早在 1991 年《未成年人保护法》第四十四条就规定，被判处缓刑的未成年人，在复学、升学、就业等方面不受歧视。《预防未成年人犯罪法》第四十八条也对此进行了规定。上

① 朱洪德主编：《世界各国少年犯罪与司法制度概览》，中国人民公安大学出版社 1992 年版，第 25 页。

② 徐建主编：《青少年法学新视野》，中国人民公安大学出版社 2005 年版，第 362 页。

述规定都说明缓刑在未成年罪犯的矫正方面具有不可忽视的重要意义。事实也证明，对于未成年人尽量多地适用缓刑，对于预防未成年人再次犯罪以及重新复归社会的作用尤为明显。因此，应当注重对未成年人犯罪缓刑的适用，有条件时尽量适用缓刑。

考虑到未成年人的身心特点，无论是司法界还是理论界都几乎一致认为应当放宽未成年人犯罪的缓刑适用条件。如何放宽未成年人犯罪的缓刑适用条件呢？对此各国在立法上的规定大致可以分为两类：其一是对未成年人放宽缓刑适用条件。例如，意大利《刑法》第一百六十三条第二款规定，如果犯罪是由不满 18 岁的未成年人实施的，当所科处的限制人身自由的刑罚不超过 3 年时，或者当单处或与监禁刑并处的财产刑依据第一百三十五条折抵后相当于总共不超过 3 年限制人身自由刑时，可以裁定暂缓执行。但是，同条第一款和第三款规定，对 18 岁以上 20 岁以下的人适用缓刑的条件分别是 2 年 6 个月以下的限制人身自由刑和 2 年以下的有期徒刑或者拘役。其二是对未成年罪犯的缓刑规定宽容的考验条件等。例如，德国《少年法院法》第 2 编第 5 节规定，对少年刑罚的缓刑作了具体详尽的规定，但是其缓刑适用的条件诸如所判主刑的刑期等条件同《刑法典》第五十六条适用成年罪犯的条件并无本质不同，所适用的主刑刑期均为 1 年以下自由刑。但是，在缓刑考验期限上，未成年人的缓刑考验期不得低于 2 年高于 3 年，在缓刑期间可以事后变更为 1 年或者延长至 4 年；而成年罪犯的缓刑考验期不得低于 2 年高于 5 年。

在我国，2006 年最高人民法院《关于审理未成年人刑事案件具体应用法律若干问题的解释》第十六条规定，对未成年罪犯符合《刑法》第七十二条第一款规定的“被判处拘役、三年以下有期徒刑的犯罪分子，根据犯罪分子的犯罪情节和悔罪表现，适用缓刑确实不致再危害社会的”，可以宣告缓刑。如果同时具有初次犯罪、积极退赃或赔偿被害人经济损失、具备监护、帮教条件三种情形之一的，对其适用缓刑确实不致再危害社会的，应当宣告缓刑。将当时刑法规定的符合适用缓刑条件的“可以”情节改为了“应当”情节，体现了成年犯和未成年犯在适用缓刑时的区别对待精神。但是，这一规定仅仅是在司法操作层面体现了对未成年犯罪人的特殊保护，效力不高。

2011 年 2 月 25 日发布的《刑法修正案（八）》第七十二条和第七十四条规定，可以适用缓刑的条件有三个：（1）犯罪分子必须是被判处拘役或者 3 年以下有期徒刑的刑罚；（2）犯罪分子不是累犯和犯罪集团的首要分子；（3）犯罪分子犯罪情节较轻、有悔罪表现、没有再犯罪的危险以及宣告缓刑对所居住社区没有重大不良影响的。这三个条件必须同时具备，缺乏其中任何一个条件都不能适用缓刑。但对符合这三个条件的不满 18 周岁的人，应当宣告缓刑。该立法倾向上显然有利于未成年人。

但是，我国对未成年人犯罪适用缓刑的规定还不够宽松，需要进一步加以修正。放宽未成年人的缓刑适用条件，可考虑从以下几个方面予以完善：

首先，放宽未成年犯罪人适用缓刑的刑度条件。对于被判处拘役或者 5 年以下有期徒刑的未成年犯罪人，犯罪情节较轻、有悔罪表现、没有再犯罪的危险以及宣告缓刑对所居住社区没有重大不良影响的，可以宣告缓刑。①

其次，可以适当放宽未成年犯罪人适用缓刑的实质条件。在考察未成年犯罪人的犯罪情节时，只需要认定其是否是惯犯，在

① 赵秉志主编：《当代刑法理论探索（卷二）：犯罪总论问题探索》，法律出版社 2003 年版，第 107 页。

共同犯罪中是否是情节严重的主犯；在考察未成年犯的悔罪表现时，只需认定其是否承认犯罪并有后悔的真实意思表示。[1]

再次，明确规定过失犯罪的未成年犯罪人一律适用缓刑。犯过失之罪的未成年犯罪人可以说几乎没有什么人身危险性，没有收监入狱的必要性。

最后，增设暂缓起诉与暂缓判决的缓刑制度，以最大限度地避免在未成年人身上留下犯罪的烙印。所谓暂缓起诉，即起诉犹豫主义，是检察机关出于便宜主义，对犯有轻微罪行的人，在一定期间遵守一定事项就不予起诉。所谓暂缓判决，即宣告犹豫主义，是对被告人所犯之罪确认后在一定期间内不予宣告，在此期间，如果没有发生应当取消缓刑的特定事由，则不再宣告其罪行。对于主观恶性不大、社会危害性较小的未成年人初犯或偶犯，如果有一个健康的社会环境和家庭氛围，能够为其提供良好监管条件的，可以依据一定的程序适用暂缓起诉或暂缓判决制度。值得一提的是，我国某些地方在司法实践中已经采用了这两个制度。例如，上海市长宁区人民法院的少年法庭采用过暂缓判决制度，武汉市青山区人民检察院采用过未成年人暂缓起诉制度，都收到了相当好的效果。

三、暂缓起诉制度

暂缓起诉，是指检察机关及其检察官，对于触犯刑法的犯罪嫌疑人，根据其犯罪性质、年龄、处境、犯罪危害程度及犯罪情节、犯罪后的表现等情况，依法认为没有必要立即追究其刑事责

---

① 黄京平、朱云三：《论未成年犯刑事责任的几个问题》，载《法学家》2003年第3期。

任而作出的暂时不予提起公诉的制度。① 从实体上看，这项制度体现了刑罚经济思想；从程序上看，这项制度是起诉便宜主义在公诉领域中的反映。目前，世界上实行暂缓起诉制度比较典型的有德国、日本和荷兰。

（一）我国引进暂缓起诉制度的必要性

1. 现行起诉制度的缺陷要求引进暂缓起诉制度

对未成年人犯轻罪案件判处以刑罚的司法实践证明，这种做法弊端甚多：一是给未成年人留下犯罪污点，不利于其回归社会。在中国现行刑法中，“犯罪”是一个极具道义评价性的概念。法院经过司法裁判对一个公民定罪，意味着国家对一个人打上犯罪的烙印，贴上犯罪的标签。二是一些未成年犯在管教期间被“交叉感染”，刑满释放后重新犯罪。尽管我国对未成年犯的教育改造工作总的来说是成功的，绝大多数未成年犯经过教育改造能够成为自食其力的新人。但由于种种原因，一些轻刑犯，在管教期间被“交叉感染”，进去是“单面手”，刑满释放后却成为“多面手”。三是不利于贯彻“教育、感化、挽救”的方针。一些轻刑犯投入管教场所后，容易产生破罐子破摔的思想，他们的亲属也容易产生逆反心理，或因生活、工作、学习受到影响后对司法机关乃至具体办案人员产生怨恨情绪。四是增加狱政部门的工作负担和劳动人事部门的工作难度。当前绝大部分羁押场所和狱政部门人满为患。在这种情况下，将轻刑犯投入管教所，既使狱政部门不堪负荷，又无法保障教育改造的质量。同时，未成年犯一旦投入管教所，原所在学校即将其除名。尽管党和政府一再强调要做好刑满释放人员的就业安置工作，但在当前劳动力过剩，就业难的情况下，安置这些人员确实困难，有的地方实际上

① 杨诚、单民主编：《中外刑事公诉制度》，法律出版社 2000 年版，第 90 页。

无法进行这项工作。如果实行暂缓起诉制度，对那些犯罪情节较轻，悔罪态度较好，依法只能或可能判处3年以下有期徒刑的人由检察机关作出暂缓起诉的决定，给予一定的考验期限，让其在检察机关的检查、单位的管教、亲属的帮助和群众的监督下，进行自我改造，考验期满后，表现好的，不再起诉。否则，再行起诉。这样做不仅可弥补不起诉制度处理这类案件存在的明显不足之处，使检察机关更好、更有效地依法行使公诉权；而且可避免这些偶然犯罪的轻刑犯在管教期间受到累犯、再犯、教唆犯的影响，染上新的恶习；大大减轻狱政部门的工作负担，缓解就业困难；避免轻刑犯及其亲属的抵触和怨恨情绪，增强社会合力。①

2. 现行司法资源的匮乏要求引进暂缓起诉制度

随着犯罪数量的日益攀升以及刑事诉讼程序的日趋复杂化，刑事司法资源越来越呈现一种稀缺状态。现代西方各国无不在侦查、起诉、审判阶段建立系统的程序分流机制，以节约司法资源，提高诉讼效率。

我国刑事诉讼立法及相关司法解释的若干规定也在一定程度上反映了诉讼分流的思想。暂缓起诉制度在审前阶段就将那些轻微的刑事案件尽可能地予以分流，一方面可以缓解司法机关的压力，使其集中精力处理严重刑事案件；另一方面可以减少未成年犯的“刑事污点”，有利于未成年人回归社会。

3. 暂缓起诉制度的实施有利于贯彻“教育、感化、挽救”未成年犯的工作方针

第二次世界大战后，世界各国逐渐认识到，减少和控制犯罪

---

① 张年庚：《关于“暂缓起诉”制度的思考》，载《现代法学》1991年第2期。

的首要问题不在于惩罚犯罪，而在于预防和改造犯罪，尤其是对于生理、心理均处于发育阶段的青少年罪犯来说更是如此。为此，世界各国无不结合本国国情，在充分考虑未成年人心理、生理特征的基础上，对本国的刑事政策予以调整。尽管各国对未成年人犯罪所采取的具体措施不尽相同，但总的原则都是对未成年犯罪人采取一系列特殊的保护政策，在处理上有别于成年犯罪人（如尽量采用非刑罚处理方法，刑罚从宽，采用不定期刑，不记前科）。党和政府历来重视未成年人的健康成长，在1981年召开的第八次全国劳改工作会议纪要中专门针对青少年罪犯提出了“三个像”和“六个字”的方针，即“……对青少年罪犯要像父母对待患了传染病的孩子、医生对待病人、老师对待犯了错误的学生那样，做耐心细致的教育、感化、挽救工作……”2006年修订的《未成年人保护法》明文规定“对违法犯罪的未成年人，实行教育、感化、挽救的方针，坚持教育为主、惩罚为辅”的原则。刑法、刑事诉讼法更是将“六个字”方针和“教育为主、惩罚为辅”的原则贯彻其中，分别从实体和程序上规定了有别于成年犯的处理措施。

（二）我国引进暂缓起诉制度的可行性

1. 我国现行刑事立法的规定为暂缓起诉制度的施行提供了法律依据

《刑事诉讼法》第一百四十二条第二款规定：“对于犯罪情节轻微，依照刑法规定不需要判处刑罚或者免除刑罚的，人民检察院可以作出不起诉决定。”这一规定赋予检察机关相当程度的自由裁量权，为暂缓起诉制度的施行留下了“法律空间”。刑事诉讼法规定了三种不起诉类型，即法定不起诉、酌定不起诉和存疑不起诉。暂缓起诉作为附条件的不起诉，虽然不能在法定不起诉或者存疑不起诉中寻找立论依据，但却符合酌定不起诉的精神实质。从某种意义上说，暂缓起诉是对体现起诉便宜主义精神的酌定不起诉的灵活运用和适度调整。故在西方，暂缓起诉又有侦查、检察中的“便宜主义”之称。

从实体上看，我国现行《刑法》第七十二条第一款规定：“对于被判处拘役、三年以下有期徒刑的犯罪分子，根据犯罪分子的犯罪情节和悔罪表现，适用缓刑确实不致再危害社会的，可以宣告缓刑。”此处规定的虽然是缓予执行制度，但其所体现的“将罪行较轻的罪犯放在社会上教育改造”的思想同样可以作为暂缓起诉制度的立论依据。

2. 我国现行宽严相济、轻轻重重的刑事政策为暂缓起诉制度的施行提供了政策依据

从刑事政策的主流来看，我国当前推行的是宽严相济的刑事政策，这一政策的主要内容是：对待犯罪分子的处理，该严的一定要严，该宽的一定要宽。对于轻微犯罪、偶尔犯罪的，能不判刑的就不要判刑，可送去劳动教养或作其他处理。对于判处3年以下有期徒刑而又具备法律规定判缓刑条件的犯罪分子，在基层工作较强的地方可以适当多一些缓刑，放在社会上监督改造。而我国刑事政策的走向是：轻轻重重，以轻为主。“轻轻”就是对轻微犯罪的处理比以往更轻，即轻者更轻；“重重”就是对严重犯罪的处理比以往更重，即重者更重。这种宽严相济、轻轻重重的刑事政策为暂缓起诉制度的施行提供了政策依据。

3. 我国缓刑制度运行的良好效果和对未成年人、在校大学生非刑事化处理的成功做法为暂缓起诉制度的施行提供了实践基础

从历史发展来看，缓刑制度从创立至今主要有三种类型：即缓起诉、缓宣告、缓执行。我国现行立法规定的是缓执行。从其运作效果来看，被宣告缓刑的犯罪分子在缓刑期间绝大多数能够

遵守监管规定，重新犯罪的情况极为罕见。据对562人的缓刑调查，在缓刑期限内重新犯罪的只有6人，只占缓刑适用数的1.07%。这一数字说明当前缓刑适用与考察已取得了较好的社会效果。[①] 今后可再进一步扩大其适用范围，增加其适用比例的基础上，充实缓刑适用的形式，如引进缓起诉、缓宣告，从而使得我国的缓刑制度在强调人权保护和刑罚个别化理念的支配下，发挥更为积极的社会效果。

四、对未成年人适用暂缓起诉的制度设计

当前我国的一些基层检察院正在审查起诉部门试行暂缓起诉制度。根据某人民检察院《关于对犯罪的未成年人实行暂缓起诉制度的规定》，缓诉制度包括以下几个方面的内容：对象是未成年人。实体条件有：（1）犯罪情节较轻，可能被判处3年以下有期徒刑；（2）具备较好的帮教条件；（3）在确定的3~12个月的考察期间未犯新罪。程序条件是：（1）涉嫌犯罪的未成年人写出保证书；（2）家长出具担保书，并与检察机关签订帮教协议书；（3）通过检察长审批决定是否暂缓起诉；（4）办理取保候审手续；（5）定期帮教与考察。结果有两种：未犯新罪就作出不起诉决定或又犯罪而移送起诉。[②]

（一）关于适用条件问题

凡是要作出暂缓起诉决定的，必须具备一定的实体条件，遵循一定的程序条件。

实体条件包括：（1）犯罪情节轻微；（2）犯罪后有悔改表现，不致再继续危害社会；（3）嫌疑人系初犯、偶犯或者是共

① 应建廷：《缓刑实践的调查与思考》，载《中国刑事法杂志》2000年第5期。
② 刘桃荣：《对暂缓起诉制度的质疑》，载《中国刑事法杂志》2001年第3期。

同犯罪中的从犯、胁从犯；（4）具备较好的帮教条件。程序条件包括：（1）案件的犯罪事实清楚，证据确实充分；（2）不具有不予起诉的法定条件；（3）涉嫌犯罪的未成年人写出保证书；（4）家长出具担保书，并与检察机关签订帮教协议书；（5）由检察长或者检察委员会决定是否暂缓起诉；（6）办理取保候审手续；（7）规定1个月到1年不等的考验期；（8）定期帮教、考察、报告与回访。

（二）关于法律后果问题

暂缓起诉人员在考验期满后，只要没有发现有严重违法行为或再犯新罪，应立即撤销暂缓起诉决定，公开宣布对其所犯罪行不再起诉；在考验期限内，如果严重违反有关缓诉的监督管理规定，应当撤销缓诉决定，提起公诉；如果再犯新罪或发现有漏罪的，应将新罪、旧罪一并起诉到法院，提请审判机关按数罪并罚原则处理。原考验期不得折抵刑期。

第四节　未成年人社区矫正制度

一、社区矫正制度

社区矫正，又称社区矫治，英文翻译为 Community Correction 或 Community - based - Corrections。上海市高级人民法院发布的《上海法院参与社区矫正工作的若干意见（试行）》中将法院参与社区矫正解释为，“是指人民法院在审理假释、暂予监外执行和判处管制、剥夺政治权利、缓刑等非监禁刑案件中，坚持惩罚与教育、改造相结合的原则，适当运用刑罚，并配合社区矫正组织从事教育转化工作，以达到预防犯罪和减少犯罪，实现维护社会稳定目的的活动”。2003年3月的“两会”期间，司法部部长张福森对社区矫正做了这样的阐释："我们所讲的社区矫正，是与监禁矫正相对的行刑方式，是指将符合社区矫正条件的罪犯置于社区内，由专门的国家机关，在相关社会小组和民间组织及志愿者的协助下，在判决或裁定规定的期限内，矫正其犯罪意识和行为恶习，并促进其顺利回归社会的非监禁刑罚执行活动。这项制度虽然在我国尚未广泛采用，但在一些国家这是普遍适用的一种法律制度，有的国家非监禁刑的比例还很大。"还有学者指出，社区矫正是一种不使罪犯与社会隔离并利用社区资源改造犯罪的方法，是所有在社区环境中管理教育罪犯方式的总称。目前，我国学者对社区矫正还没有一个统一的定义。

社区矫正，在国外更多的称之为社区处遇或社会处遇，所谓社区处遇是指社区为基础的矫正、治疗罪犯的措施，包括缓刑、假释及各种重返社会的制度。结合上述观点，社区矫正是指设置专职机构和配备专职工作人员，利用专业方法，运用社区资源，在与社会不隔离的社区环境中对犯罪人员的矫正或改造活动。

二、对未成年犯实施社区矫正的积极意义

未成年人正处于长身体、长知识的关键时期，鉴于其特殊的生理和心理特点，对未成年罪犯判处刑罚的根本目的是为了教育和挽救。社区矫正作为全新的刑罚执行制度，它为探索未成年犯的改造与回归提供了一个新思路，是未成年罪犯刑罚执行制度的优先选择，因为它既具备应有的矫正效果，又能很好地实现使未成年罪犯回归社会的功能。因此，社区矫正制度对未成年罪犯有着极为重要的意义，主要体现在：

（一）可以有效地保护未成年罪犯

未成年罪犯往往是由于个人思想不够成熟，加之社会不良因素的影响才走上犯罪道路，绝大多数都可以通过教育感化而痛改

前非，因此从教育、挽救未成年罪犯的目标出发，对未成年罪犯采用社区矫正这种非监禁刑罚，能够使未成年罪犯既受到一定的惩罚，又在社会的关心、指引和帮教下，重新树立正确的人生观、世界观、价值观和养成适当的社会生活方式，从而最终达到保护未成年罪犯的目标。

（二）能够避免过早贴上标签

标签理论认为，违规者一旦被贴上“罪犯”的标签，就会在其心灵上打下耻辱的烙印，产生“自我降格”的心理变化，进而顺应社会对其的评价，“违规”甚至会被行为人“合理化”而演变成难以改变的生活方式。如果过早将罪犯投进监狱，尤其是未成年罪犯，无疑是最深刻的“标签化”过程，他们会给自己贴上“罪犯”的标签，势必会影响他们幼小的心灵，他们会将自己归类到违法犯罪的人群当中，容易对社会产生反感与叛逆，就有可能再次犯罪。代之以社区矫正这种有效的教育与挽救措施，对于可塑性较强的未成年人来说，可以减少因这种“标签化”带来的负面作用。

（三）避免“交叉感染”

未成年犯大多是初犯，其主观恶性并不深，但是与外界隔绝的集中关押，致使他们的交流对象局限于其他罪犯，交流内容往往也是社会的消极方面，不可避免地会对他们带来许多消极影响，这对辨别能力不成熟的未成年犯来说，刑满释放后很有可能再次犯罪。社区矫正属于非监禁刑，是将他们置于社会之中服刑，无须收监，从而克服了集中关押导致的“交叉感染”问题，更有利于他们的改造。

（四）有利于未成年犯的再社会化

再社会化实际上是一个重塑人格的过程，对罪犯的人格改造是人道价值的主要体现。犯罪学研究表明，未成年人实施犯罪行为的原因是极为复杂的，除未成年人的生理、心理因素以外，更有家庭、学校和社会等各方面的原因，但其本质是未成年人在社会化过程中出现了偏差。“对于未成年人来说，最重要的和最为需要的情感，是能把他们作为年轻人来看待。年轻人的特点是：容易诱导，更为渴望得到人们的认可和喜爱，希望得到成年人的依靠，在成年人的帮助下确立自己的人生观和一生的选择。”① 帮助引导未成年犯改过自新，重新做人，顺利回归社会，发挥良性的社会功能，是社区矫正的终极目标。

与成年罪犯的改造相比，使未成年犯通过社区矫正实现其再社会化更具有可能性。社区矫正是一种非监禁的行刑方式，兼具司法、教育、心理和社会等各方面的功能，它能充分运用社区资源，努力促进未成年犯与社会保持良好的互动关系，避免了短期自由刑的弊端，未成年犯身上的“罪犯色彩”也明显淡化，为其再社会化提供了保障，从而达到再社会化的目的。通过社区矫正，使未成年犯罪人重新树立勇气和自尊，弥补他们文化知识方面的不足，学得生存的技能，以积极心态去适应社会，服务社会。

（五）体现刑罚社会化原则

刑罚社会化是开展社区矫正的理论基础之一。传统上人们主张“恶有恶报”，但随着人类文明的进步，人们的刑罚观念也在不断进步，在刑罚中越来越强调教育观念、改造观念。对未成年犯判处刑罚，根本上是为了教育改造他们，让他们通过刑罚执行活动，转变成合法公民，从而顺利回归社会。社区矫正正是体现了这一刑罚原则。

---

① 刘强编著：《美国社区矫正的理论与实践》，中国人民公安大学出版社 2003 年版，第 277 页。

三、目前我国社区矫正体系存在的问题

由于我国实施社区矫正的时间较短，还没有完全建立，尽管已经取得了一些成绩，但在实践中也存在不少问题。

（一）法律法规和配套制度的不完善

2003年7月，最高人民法院、最高人民检察院、公安部、司法部发布的《关于开展社区矫正试点工作的通知》，提出了我国构建社区矫正制度的思路、任务和工作方法，标志着社区矫正正式在我国司法制度中有了一席之地，表明我国顺应世界刑罚发展的潮流，真正重视未成年犯的刑罚执行问题。但是，这个文件只是提出社区矫正的法理依据，还缺乏更具体的法律规范和配套制度的支撑。而社区矫正是一个严肃的刑事执法活动，必须要有相应的立法作为支撑，而我国现行法律与社区矫正发展不相适应，主要表现在：一是现行法律没有明确规定社区矫正的执行机关，目前的做法是由“司法牵头、公安配合”，这虽然加强了社区服刑人员的监管力量，但在实践中却容易出现职责不清、界限不明、衔接不力、效率不高等一系列问题。二是现行法律中虽对某些问题作出了规定，但实际上形同虚设。例如，在当前社区矫正的实践中，普遍存在失控、脱管服刑人员法律制约不力的问题。我国刑法虽然规定了对违反监管规定的缓刑假释人员可作出撤销缓刑假释的规定，但在司法实践中基本没有加以适用。三是现行法律中没有明确对罪犯在社区中进行监管的具体规定和要求，对罪犯进行必要的改造和矫正措施等。而且现行法律有关非监禁刑的规定是若干年前规定的，其规定也比较原始、粗放，随着形势的发展，已经不完全适应目前的实际需要，并且在一定程度上存在无法可依的问题，从而把社区矫正变成原有法律基础上的修修补补，导致执法中的任意性，造成社区的不稳定或者侵犯

服刑人员权利的后果。

（二）观念陈旧

由于我国刑法长期受报应主义和重刑思想的影响，法律始终是以冷酷的面孔出现，所以难以使人们将刑罚执行与人文主义精神结合在一起。在司法实践中，公众特别是司法人员崇尚重刑，迷恋监禁刑的行刑方式，这种观念在我国仍有相当的市场，不少人怀疑社区矫正的行刑效果。思想是行为的先导，正是基于这种思想，有的人在社区矫正的探索方面不热心，对社区矫正刑罚执行制度的适用，仍然停留在过去的认识水平上。

（三）机构不健全

由于受到现行刑法的限制，我国在实施社区矫正的过程中，实行“司法牵头、公安配合”的管理格局，即由司法机关牵头组织有关单位和基层组织开展社区矫正工作，并会同公安机关搞好对社区矫正对象的监督考察，组织协调对社区服刑人员的教育改造和帮助工作，街道、乡镇司法所具体承担社区矫正的日常管理工作。但问题在于，会同公安机关监督考察，不仅容易造成工作中的脱节，而且也容易造成对人力、物力的浪费。司法所管理社区工作也存在一定问题，一是街道、乡镇司法所人员不能完全到位；二是街道、乡镇司法所专职人员都身兼数职，不能集中精力投入社区矫正中去，导致服刑人员的失管、漏管和脱管，进而影响社会的稳定；三是基层司法所尚未明确为执法机关，在工作中容易陷入被动。同时，由于居委会的职责较多，使其力量有限，不能很好地参与到社区矫正中来。

（四）相关部门配合不力

由于种种原因，公安机关、检察机关、司法机关等部门对未成年犯的监管实际上难以到位，使得在社区中的未成年罪犯大多处于脱管状态，法院对缓刑的宣告往往也是“一缓了之”。这样既影响了刑罚目的的最终实现，也不利于罪犯的改造和社会的稳定；同时，这也让罪犯感觉参加社区矫正就是放任不管，从而导致任其恢复“自由”。

四、完善未成年犯社区矫正体系的建议

从上面的分析中可以看出，目前我国社区矫正体系还存在不少问题，要解决这些问题，使社区矫正对未成年人罪犯真正取得实效，关键在于制度化建设，必须通过制定相关法律法规设置未成年人社区矫正专职机构和配备专职工作人员。为此，结合我国未成年人社区矫正体系存在的问题，并参照西方发达国家的做法以及其他学者的研究成果，对我国未成年人社区矫正体系的完善提出如下建议：

（一）完善相关法律法规

根据未成年人法律保护的基本原则，吸收实际工作中的成熟做法和有关的司法解释，现有各级立法部门要尽快建立健全相关法律法规，明确未成年人社区矫正的适用范围和条件，对现有刑法和刑事诉讼法中有关未成年人法律保护的条款进行修改和补充，单设未成年人犯罪的特殊处遇专章，以确定未成年犯罪人的处罚原则，规定具体适用的刑罚种类和具体量刑标准，扩大缓刑的适用范围、放宽减刑和假释条件。同时，在完善刑事法的基础上，按照当前国际通行的做法，结合我国实际，在条件成熟时，加强特别法的建设，包括未成年人事件处理规则等，通过专门立法，规定专门的刑法制度，将未成年人犯罪与成年人犯罪区别开来，并设立相关配套措施，保证未成年人的权利得到有效执行，以收到最好的立法和司法效果。同时，以法律的形式确定社区矫正机构的地位及社区矫正工作人员的职责，规范社区矫正的刑罚执行活动。

(二) 更新观念

在经济全球化浪潮的冲击下，刑罚及其执行制度也产生了许多新变化，一是刑罚体系整体趋轻；二是刑罚在国家管理系统中地位和作用下降。在这种刑罚变化的趋势下，我国应该积极开展社区矫正，因为单靠严厉的刑罚难以收到威慑犯罪行为的功效。而且，即使按照“恶有恶报”的观念将他们送进监狱，他们最终还是要回到社会，仍然需要社会对他们宽容、接纳。因此，应该改变以往的刑罚观念，从保护未成年犯和刑罚社会化、人道化的角度出发，将他们放在社区中进行矫正，将会收到更好的效果。

(三) 设置未成年犯社区矫正专职机构，配备未成年人社区矫正专职人员

要将社区矫正作为一项制度确定下来，就必须建立统一的管理机构。社区矫正的执行也属于刑罚执行的范畴，应由国家公务员负责执行，但由于社区矫正是在社区内执行，必须得到社区内相关人员的支持和帮助。对此，应配备由专业人员和志愿者组成的执行人员。专业人员包括国家公务员和社会学、心理学、教育学等方面的专业人员。社会志愿者包括专业社会工作者、离退休人员、大学生等，这些人员应当具有较高专业水平，有丰富的社会经验，热心公益事业，能够胜任这项工作。

(四) 充分挖掘和利用各种资源

由于未成年罪犯在社区内执行刑罚，因此建立未成年人社区矫正体系应当以行政区域内的社会资源为依托，充分利用社区资源。自 1999 年我国民政部开展社区建设实验以来，我国大中城市的社区建设得到了快速发展，社会事务社区化管理模式的形成客观上为矫正罪犯过程中利用社区资源提供了可能。因此，我国未成年人社区矫正体系的完善，应根据未成年人特殊的生理和心

理特点，充分利用社区资源，制订专门的教育改造措施：(1) 开展法制教育，未成年人犯罪的重要原因就是法律意识淡薄，因此在社区内，聘请法院少年审判庭的法官为社区的法制宣传员，把法制引入社区，让未成年罪犯知法、用法、守法。(2) 开展思想教育和道德品格教育活动。针对未成年人的特点，开展各种形式的思想教育活动和道德品格教育活动，培养他们正确的政治方向，引导他们形成正确的世界观和人生观，使他们养成良好的道德习惯，克服不良的道德品质。(3) 开展心理教育活动，不健康的心理是未成年人走上犯罪道路的一个重要原因，因此应通过多种途径，如开展心理健康辅导等，引导他们形成健康的心理。(4) 开展劳动技能培训活动。根据各自的特点和爱好，开展一系列劳动技能培训活动，帮助他们树立正确的劳动态度，学会一定的职业技能，提高生存能力，使他们在以后的生活中能够保证自己在社会立足。

(五) 形成合力、齐抓共管

社会各界和全体公民都要高度重视社区矫正对未成年罪犯的重要性，明确自己在保护未成年罪犯健康成长等方面的地位和作用。增强责任感，齐抓共管，形成一个强有力的保护未成年犯罪人的工作网络。具体做法是实现“四个结合”，一是和家庭结合，家庭是未成年罪犯最初和最重要的生活环境，未成年罪犯的个性及世界观一般是在家庭中形成的，因此一定要重视家庭建设，确保未成年罪犯有一个良好的家庭环境，让其父母认识到自己的责任，对未成年罪犯及时进行教育和挽救；二是和学校教育结合，大多数未成年罪犯都处在适学年龄，学习对他们今后的成长非常关键，因此要帮助他们获得重新学习的机会；三是和社区结合，让社区负责人想办法给他们以妥善的安置，以防止他们因无所事事流入社会再受不良因素的影响而重新走上犯罪道路；四是和法院相结合，法院做好延伸服务，为未成年罪犯建立档案，实行专人专管、要求未成年罪犯在社区矫正阶段定期进行思想汇报，并走访、回访缓刑期间表现突出的人员，可以在当地社区开展“模拟法庭”等教育宣传活动，加强对未成年罪犯帮教与感化，使得社区矫正真正取得实效。法院可以加强与工、青、妇联、教育部门、街道、劳动人事、宣传等部门的联系配合，就安置、就业、上学等问题向有关部门提出司法建议，尽可能多地为未成年罪犯创造一些就学、就业的机会，最大限度地消除社会、学校乃至家庭对未成年罪犯的偏见、误解及不公平待遇。

第五节　完善未成年人犯罪非监禁刑适用

一、当前司法实践中未成年人适用新型非监禁措施的尝试

（一）上海市长宁区法院实行的“义工”制度及其意义

“社会服务令”，是指法院在审理未成年人刑事案件中，责令已构成犯罪的未成年人到社会福利场所或社区，进行无偿社会服务劳动。适用“社会服务令”的对象是暂缓判决、宣告缓刑、判处管制、单处罚金或免予刑事处罚的未成年被告人，执行时间从1个月到6个月不等。

“社会服务令”是中国司法领域的新生事物。上海市长宁区法院是国内最早创建少年法庭的法院，也是在国内首次试行这一制度的法院，在试行“社会服务令”制度方面取得了较好的效果，值得借鉴。上海市长宁区法院从2002年开始试行“社会服务令”，在试行的一年间共有21位犯罪未成年人领到“社会服务令”，并且没有一人重新犯罪。

执行“社会服务令”对失足青少年来说，教育的意义远大

于惩罚。例如，2003 年，犯轻微抢劫罪的小曹领到上海市长宁区法院的“社会服务令”，被要求到长宁区老年护理院做 1 个月“义工”。小曹刚来护理院“上班”的时候，因为要在路上花两个小时，经常迟到懈怠。但看到护工们全心全力照料生活无法自理的老人，他的内心受到了震撼。后来，他主动帮助护士长照料两位老人，为他们喂饭喂药、帮助他们上厕所、清理个人卫生，还经常拉拉家常。小曹的努力得到了身边人的赞许。

在我国实行“社会服务令”其意义深远。第一，它比较适合我国现在的社会状况，即公民的无偿服务意识相对薄弱，各种社区服务的体制尚未健全，实行“社会服务刑罚”可以提高公民的社区服务意识，促进我国社区服务体制的健全，也可以减轻国家对社区服务单位的财政负担。第二，“社区服务刑罚”保留了管制和拘役的合理内核。我国《刑法》第三十八条至第四十一条，对管制的期限、适用和执行方法作了规定，现行的管制，是由人民法院判决，对犯罪分子不予关押，但限制其一定自由，依法进行社区矫正。我国刑法第四十三条规定：“被判处拘役的犯罪分子……参加劳动的，可以酌量发给报酬。”所以“社区服务刑罚”既吸收了管制“限制一定自由，依法进行社区矫正”的内涵，也吸收了拘役“参加劳动”的内涵。第三，“社区服务刑罚”的执行办法灵活多样，便于从实际情况出发，具体情况具体对待，既可兼顾犯罪分子的实际情况，又可以让国家解决一部分征用劳动力的问题。第四，“社会服务刑罚”是一种开放性的刑罚，对犯罪分子不予关押，既能减轻国家的某些负担，又能使犯罪分子在不与社会隔离的情况下得到改造，真正做到专门机关与群众路线相结合。

未成年人犯罪是成长过程中的犯罪，大多数人通过帮助教育即可改邪归正，过多、过重地套用成年人刑罚不一定合适。“社会服务令”是在中国法律允许范围内的创新，也是大势所趋。

（二）广州法院系统的暂缓判决制度与监管令制度及其意义

2004年9月2日，在广州市中级人民法院的领导下，广州市番禺区法院推行了暂缓判决制度，这是广东法院首次启用这项制度，而从试行的情况来看，均取得了较好的效果。

暂缓判决，是指人民法院在刑事诉讼活动中，对符合一定条件的未成年被告人，经开庭审理后，根据其所犯罪行和悔罪表现，暂不判处刑罚，而是作出延期判决的决定，让其在法院设置的考察期间内，回到社会上继续就业或就学，对其进行观护帮教，考察期满后，再根据原犯罪事实和情节，结合被告人在考察期间的表现予以判决。对未成年被告人试行“暂缓判决”的期限通常应为3个月至6个月。

作出暂缓判决决定后，应对少年犯建立考察制度。由社区矫正机构下设的专职考察部门制订考察帮教计划，并对未成年犯建立考察评议档案，负责对少年犯进行教育、管束，在考察期届满后对暂缓判决对象作出综合评估测定报告。法院在考察期满后，应开庭综合听取法定代理人、辩护人、公诉人的意见，结合考察部门提交的被告人的思想汇报、考察组织的评议档案及综合考察评估报告，分别作出判决：对考察期表现良好、确认不致再危害社会的被告人，应当适用缓刑；对犯罪情节较轻、暂缓判决考察期表现良好的未成年被告人，可以考虑适用免刑；对于极少数表现不好的暂缓判决被告人，按其原犯罪事实和情节予以判决。

在广州市两级人民法院推行暂缓判决制度的同时，广州市中级人民法院还推出监管令（监督令）制度。监管令是少年法庭在未成年人刑事案件的判决书或者暂缓判决书生效后，要求非监禁的未成年罪犯及其监护人，在回归社会后的一定时段内遵守和履行少年法庭限制性规定的书面指令，同时家长要加强监督和管教，从而有力保障那些被暂缓判决、免予刑事处分、单处罚金、管制或缓刑的未成年犯得到有效感化和教育。

在我国推行这两项制度的意义在于：暂缓判决制度和监管令制度是落实《未成年人保护法》、《预防未成年人犯罪法》规定的学校、家长及社会对未成年人的预防犯罪、保护和教育义务，是对未成年人实施监督、教育的具体制度。有了这两项制度，未成年犯本人就有了具体的遵守内容和明确的约束依据，加强了父母监管及教育未成年犯的责任和义务，充分发挥家庭、学校的教育、感化等社会职能，从而形成有利于未成年罪犯改造的社会环境，控制和预防未成年人重新犯罪。而监管令制度同时使粗线条的法律细化为具体规定，最终取得了法律效果与社会效果的统一。

二、我国未成年人非监禁刑的实现问题

（一）尽量适用非刑罚处理方法和非监禁刑，提高缓刑适用率

在未成年人犯罪案件中应当尽量适用非监禁刑。人民法院在定罪量刑时，应当将监禁刑作为一种不得已的选择。

在我国，非监禁刑主要包括管制、罚金、剥夺政治权利、没收财产、驱逐出境。剥夺政治权利刑基本上可以视为为成年人设计的刑罚类型。由于少年的未成年特性，实际上对于大部分政治权利都无享有资格或基本没有行使的现实可能性。因此，对于未成年犯罪人单独适用剥夺政治权利，基本没有现实意义。附加适用剥夺政治权利刑的实际意义也并不大，而且与少年司法制度的基本理念多有违背。由于未成年犯大都尚无独立的经济收入和来源，对其适用没收财产刑没有什么实际意义，即便未成年犯有个人财产，全部没收也会给未成年犯日后的生活与成长带来不利影

响，因此有的学者反对没收财产刑适用于未成年犯罪人。在我国少年司法实践中，没收财产刑的运用也较少见。而有些国家则明确规定对于未成年人不得适用没收财产。驱逐出境是一种适用于外国人的刑罚方法，不具有普遍适用性。对于未成年犯是否应当适用罚金刑，长期以来无论是理论界还是司法实践部门都存在着截然对立的观点。

尽管主张刑罚选择的非监禁化，但是从现实性的角度来看，要在量刑阶段实现未成年人的非监禁化，主要还是得依靠缓刑。尽管缓刑的价值已经众所周知，但是缓刑适用率偏低一直是我国整个刑事司法制度中难以突破的瓶颈。由于未成年人的特殊性，在少年司法领域突破这一瓶颈的阻碍性与风险性相对要低一些。但是，要想使未成年人缓刑适用率有较为显著的改观，除了观念更新之外，当前更应当积极探索如何降低司法人员适用缓刑的风险与责任。

（二）行刑社会化

行刑社会化，是指监禁刑执行的非监禁化，具体而言包括以下三个紧密联系的环节：（1）降低监禁度。具体包括通过监禁设施、管理方式、引入社会力量参与罪犯矫正、放假制度等方面的改革，缩小监禁场所与社会的隔离度。（2）缩短监禁刑的时间。这主要依靠减刑、赦免等方式来实现。（3）在社会场所开放式行刑，也即推行社区矫正替代监禁场所内矫正。根据2003年最高人民法院、最高人民检察院、公安部、司法部《关于开展社区矫正试点工作的通知》，暂予监外执行、假释的罪犯属于五种社区矫正的对象范围。为了充分发挥社区矫正对机构内矫正的替代性作用，当前应当扩大未成年犯假释率，同时大力完善社区矫正制度。

（三）非监禁刑的社会支持问题

未成年犯罪人非监禁刑执行的必然结果是使大量未成年犯罪人流入社会，这对社会支持系统的配套改革提出了较高的要求。在传统的、计划经济体制下的社区解体，而适合于市场经济社会的社区发育尚不成熟的转型时期，如果将过多的期望寄托于不完善的社区单位，是一种不现实的选择。在这样的情况下，作出非监禁处遇的司法机关仍应当在矫治未成年犯罪人工作中继续扮演一个积极的、主导性的角色，起到社会支持系统组织者、督促者的作用。上海已经形成中国首批专业社工队伍和社工组织，在条件成熟时，司法机关可以而且应当逐渐退出，而由社工主导非监禁状态中未成年犯罪人的矫治工作。

三、完善我国未成年人犯罪非监禁措施制度

我国现行普通刑罚体系存在重刑化倾向，与刑罚发展的历史趋势不相吻合，有违刑罚向轻缓化发展的世界性历史趋势。当然，刑罚体系可以通过修改与补充不断予以完善。应当针对当前我国未成年人犯罪处罚措施存在的主要弊端，增加、扩大及改进非监禁措施，使对未成年人犯罪的非监禁措施更具有系统性和可操作性。

（一）转变刑罚理念，合理加大对非监禁措施的适用

首先，应当正确认识非监禁措施适用的积极意义，从理论层面上讲，刑法要体现人文主义和人道主义精神，少用甚至不用监禁刑罚来预防和控制犯罪有助于避免“交叉感染”、节约司法资源、矫正未成年犯的不良犯罪心理。从实际情况看，对未成年被告人适用实体刑一般有较大的负面影响，对其以后的升学、就业、婚姻都会带来不利影响。在世界刑罚日趋轻缓化、非刑罚化的形势下，对未成年人犯罪不能单一地强调惩罚打击，对符合条

件的未成年犯适用非监禁处置，通过刑罚的合理适用来教育、感化、挽救未成年人，可达到既保护社会的稳定有序，又保护未成年人健康成长的双重目的。

其次，应认识到对未成年人犯罪多适用非监禁刑、“减少未成年人犯罪打击面”的根本目的是为了更有效地保护社会秩序和预防犯罪，并不是主张一味地把未成年人严重危害社会的行为排除在犯罪之外，或者不加区分地对未成年人犯罪一律适用非刑罚处罚。对未成年被告人在量刑时，不仅要考虑犯罪事实、犯罪性质和危害社会的程度，而且还应充分考虑未成年被告人的犯罪动机、手段以及犯罪后态度、个人一贯表现等情况，以及考量刑罚选择对未成年被告人今后成长的影响等因素来最终决定是否适用非监禁刑。在这一问题上，总的要求是要正确贯彻《联合国少年司法最低限度标准规则》的“双向保护”原则，即对未成年被告人适用刑罚时，既要保护国家、集体和公民的利益，对危害社会的行为依法予以惩罚，又要注意保护未成年被告人的合法权益，从整个社会利益出发正确适用非监禁措施，实现保护少年利益与保护社会利益的双赢。

（二）完善未成年人保护的刑事司法制度，探索建立针对未成年人犯罪的专门法律体系

我国目前还没有一套专门针对未成年人犯罪案件的法律，对未成年人犯罪的处理原则只是散见于《刑法》相关条文、《未成年人保护法》、《预防未成年人犯罪法》及一些司法解释当中，规定较为原则、笼统，可操作性不强。在非监禁处置制度的规定上其适用范围和标准基本上还是套用成年人犯罪的法律规定，与成年罪犯没有加以区分，未能体现出对未成年罪犯从宽处理的精神，加上缺乏完备的制度保障，以致实践中对未成年犯罪人的非监禁处置无法有效落实。应当树立以少年本位为中心的少年司法

观念，根据未成年人的特点着力于研究建立一套专门针对未成年人犯罪的法律，规定对未成年人适用刑罚的基本原则、适用范围、犯罪界定和构成、刑罚的适用和刑种、量刑的情节、犯罪的类型和具体可行的罪名、各种刑罚或非刑罚和处置措施等，增设一些专门适用于未成年犯罪人的刑种，并在其中明确对未成年人犯罪实行非监禁处置的具体的适用标准、处置程序、专门机构和操作规则等，体现出维护未成年人的合法权益与维护社会秩序和稳定的统一和均衡，形成与成年人刑法学和犯罪学既密切联系和相互统一又符合未成年人年龄和心理实际、既符合国际未成年人犯罪立法趋势又切合中国国情的刑罚体系。

（三）建立恢复性司法制度，落实完善非监禁措施执行期间的社区矫正工作，形成整体的、全社会都参与进来的“预防未成年人重新犯罪体系”

非监禁措施的实质是通过社会整体力量对未成年罪犯进行教育、监督和挽救的举措，能否取得实效最关键的是宣判后对处于非监禁状态的未成年罪犯的监督、管理、帮教、矫正是否到位，是否具有持续性和连贯性，否则就会使得教育改造变成一句空话，法律对未成年人的各种保护性规定不但不能发挥教育挽救的功能，反而减弱了法律的权威性和威慑力，保护变成了放纵犯罪的加速剂。虽然近年来各地在未成年人的犯罪预防和司法保护方面都进行了一些改革和尝试，但总的来说目前在非监禁处置方面的配套制度并不完善，法院庭审教育与社会监管之间的“接力”不到位的问题突出。因此，建立我国的恢复性司法制度也就势在必行。与传统的报应性司法模式相比，恢复性司法是指通过刑事司法活动，努力恢复犯罪行为对被害人和社会造成的损害的一种司法模式。这种模式的一个重要特点就是，不是简单地将犯罪人与社会环境隔离开来，而是把社区作为恢复过程的促进者，鼓励社区发挥在社会矫正方面的作用，以恢复性活动来消除犯罪的烙印，最大限度地寻求解决被害人、犯罪人和社会由于犯罪行为而遭受损害的最佳途径。

1．将对未成年人的刑罚适用从以自由刑为中心转为以非监禁刑为中心，进一步丰富非刑罚处置方式

现行法律规定的非监禁处置方式较少，我国可以借鉴国外的一些成功做法，对未成年犯罪人可以增加适用以下几种非监禁化的处置措施：（1）劳动赔偿。建立劳动赔偿机制，即命令未成年人直接为被害人无偿劳动或是参加一些有偿劳动获得的报酬全部支付给被害人，在补偿安抚被害人的同时促进未成年被告人的悔过自新。（2）社区服务。主要是让犯罪未成年人参加力所能及的社区公益劳动，在接受处罚的同时，可以照常学习、生活，培养其社会责任感，有助于使其恢复正常人格，回归社会。服务期间应设专门机构跟踪考察，服务期满由专门机构出具表现证明。（3）管教协助。对一些犯罪情节较轻的但已经形成一些不良意识的未成年人，责令其接受社会矫正机构的管教协助，如每月定期到社会矫正机构汇报学习、工作及思想状况，由社会矫正人员针对其情况进行考察帮教，必要时应当聘请心理专家对其进行心理、行为的专业矫治，引导他们树立正确的人生信念，并协助他们解决学习、生活中的困难，预防越轨行为或再犯罪的发生。（4）保护观察。对犯罪情节较轻的未成年人可以考虑适用保护观察，即将其置于社会上，但对其活动场所、交往活动进行一定限制，同时定期向社会矫正人员汇报，如其离开本地或有其他重大事项必须向社会矫正机构报批，若在保护观察期内无任何不良倾向，则对其免予刑事处罚。

2. 将非监禁措施的执行与对未成年犯的社会矫正相统一，设立专门的综合性的未成年犯社会矫正机构

目前，我们对非监禁措施的执行主体与对未成年犯的矫正主体是分散割裂的，实行的是多部门分段负责，如剥夺政治权利等由公安机关作为执行主体，罚金刑由法院作为执行主体，管制刑等执行主体为司法行政机关。社区矫正工作主要是由司法行政机关牵头组织有关单位和社区基层组织开展，虽然法、检、公部门也参与未成年犯的帮教工作，但这些部门本身并没有具体的负责未成年犯行为和心理矫正的职责，加上时间、人力、物力有限，难以形成制度化的长效运行机制。由于职责分工不明确，变成谁都管但谁都不具体负责的局面，教育矫正很难落到实处，严重制约非监禁措施的适用。

在条件成熟时应当设立一个统一、独立的专职未成年犯社会矫正机构，在现阶段可以先在各地设立由政法委牵头，成员可以由法、检、公、司等行政及教育部门以及工会、青年团、妇联等组织的工作人员以及心理专家等专业人士和社区矫正志愿者组成的社区矫正委员会，下设各个办公室，分别负责组织未成年犯的判前社会调查，启动社区矫正程序，与未成年犯及其法定代理人签订帮教协议，监督各类非监禁处置措施的执行，对未成年犯执行非监禁刑的情况进行考察监督，出具社会考察评估报告，提出减刑建议，制订适用非监禁措施的未成年犯定期跟踪矫正的计划，由心理辅导专业人员专职加强对犯罪未成年人及问题少年系统性的心理辅导，提供就业安置、帮助教育、社区扶助、心理咨询、行为指导等方面的管理和服务工作等，通过一个固定的专职机构统一负责被采取非监禁处置措施的未成年犯的改造和矫正工作，使非监禁措施的功效得以真正发挥。

3．完善配套制度，规范未成年犯非监禁措施的适用

（1）完善社会调查制度。一是完善对未成年犯的审前调查。审前调查又称为判决前调查或人格调查，如在社区矫正委员会内设立办公室，聘请专职调查员，在法院判决前，由专职调查员对行为人的个人情况、犯罪背景等进行调查，并对其人身危险性、帮护条件等进行系统评估，然后将调查与评估报告提交法院，供法院在量刑时参考，以促进刑罚效益的最优化，实现量刑科学化、合理化。二是完善对未成年犯非监禁刑执行情况的调查。建立未成年犯社区追踪档案，负责监督考察少年犯缓刑考验期和管制期内的改造情况，提交调查报告，提出减刑建议或恢复执行实刑建议等。

（2）推行暂缓判决制度。暂缓判决，是指人民法院在刑事诉讼活动中，对符合一定条件的未成年被告人，经开庭审理后，根据其所犯罪行和悔罪表现，暂不判处刑罚，而是作出延期判决的决定，让其在法院设置的考察期间内，回到社会上继续就业或就学，对其进行观护帮教，考察期满后，再根据原犯罪事实和情节，结合被告人在考察期间的表现予以判决。适用暂缓判决的被告人必须具备下列条件：①所犯罪行较轻，可能被判处 3 年以下有期徒刑、拘役。②在共同犯罪中系从犯、胁从犯、教唆犯，无前科。③认罪态度较好，有悔改表现。④家庭、单位或基层组织能有效的对其实施管教。⑤被告人自愿接受矫治措施。对未成年被告人试行“暂缓判决”的期限通常应为 3 个月至 6 个月。作出暂缓判决后，应对少年犯建立考察制度。由社区矫正机构下设的专职考察部门制订考察帮教计划，并对未成年犯建立考察评议档案，负责对少年犯进行教育、管束，在考察期届满后对暂缓判决对象作出综合评估测定报告。法院在考察期满后，应开庭综合听取法定代理人、辩护人、公诉人的意见，结合考察部门提交的

被告人的思想汇报、考察组织的评议档案及综合考察评估报告，分别作出判决：对考察期表现良好、确认不致再危害社会的被告人，应当适用缓刑；对犯罪情节较轻、暂缓判决考察期表现良好的未成年被告人，可以考虑适用免刑；对于极少数表现不好的暂缓判决被告人，按其原犯罪事实和情节予以判决。

第八章　未成年人非刑罚处理措施

第一节　非刑罚处理措施概述

一、非刑罚处理措施的概念

现代刑法理论和刑事政策均认为，对未成年人犯罪的刑事追究，目前应当重在教育挽救，而非惩罚报复。为此，现代国家大多淡化对未成年罪犯适用刑罚的观念，而代之以非刑罚处理措施。非刑罚处理措施是针对情节轻微免予刑事处分以及根据其犯罪的罪行虽可处以刑罚，但因其人身危险性较小，从体恤宽大、立足教育、感化、挽救出发，放弃刑罚干预而采取的宽松的处分方式。

所谓非刑罚处理措施，又被称为“非刑事处理方法”、“免予刑事处理方法”，我国刑法学界通常认为，非刑罚处罚方法是指人民法院根据案件的不同情况，对于犯罪分子直接适用或者建议主管部门适用的刑罚以外的其他处理方法的总称。[①] 与刑罚措施相比，非刑罚处罚方法不剥夺或不完全剥夺未成年犯罪人的人身自由，可以在相对自由的环境中对未成年犯罪人加以教育、改

① 马克昌主编：《刑罚通论》，武汉大学出版社 2001 年版，第 731 页。

造，不会影响未成年人进行正常的文化学习和技能培训，能够尽量减少刑事处罚在未成年人身上留下的阴影，因而非刑罚处罚方法是当今世界各国处理未成年人犯罪中最为常用的手段，并在国际人权法中受到高度重视。

二、国际人权法对非刑罚处罚方法的相关规定

国际人权法对未成年人犯罪进行非刑罚处罚的方法作了相当详细的规定。《儿童权利公约》第四十条第四款规定："应采用多种处理办法，诸如照管、指导和监督令、辅导、察看、寄养、教育和职业培训方案及不交由机构照管的其他办法，以确保处理儿童的方式符合其福祉并与其情况和违法行为相称。"《联合国少年司法最低限度标准规则》更是对未成年人犯罪适用非刑罚处罚方法作出了非常明确的指导性规定。其中，第18.1条要求："应使主管当局可以采用各种各样的处理措施，使其具有灵活性，从而最大限度地避免监禁。有些可以结合起来使用的这类措施包括：（a）照管、监护和监督的裁决；（b）缓刑；（c）社区服务的裁决；（d）罚款、补偿和赔偿；（e）中间待遇和其他待遇的裁决；（f）参加集体辅导和类似活动的裁决；（g）有关寄养、生活区或其他教育设施的裁决；（h）其他有关裁决。"

国际人权法对未成年人犯罪中的非刑罚处罚方法持支持、鼓励的态度，这是由非刑罚处罚方法对未成年人犯罪相对刑罚措施天然的优势所决定的。由这些规定可以看出，联合国主张对未成年人犯罪适用形式多样的非监禁措施，以尽可能避免监禁刑在未成年人犯罪中的适用。

第二节　完善我国未成年人犯罪非刑罚处置措施

一、我国未成年人非刑罚处理措施立法现状

《预防未成年人犯罪法》第四章“对未成年人严重不良行为的矫治”、《未成年人保护法》第五章“司法保护”以及我国现行《刑法》第十七条、① 第三十六条、第三十七条②等规定了对未成年犯罪人适用的各种非刑罚处理方法。从我国现行法律的规定来看，可适用于未成年人犯罪的非刑罚处遇措施主要有以下几种：（1）训诫；（2）责令具结悔过；（3）赔礼道歉；（4）赔偿损失；（5）建议予以行政处罚或行政处分；（6）责令父母或监护人严加管教；（7）收容教养。

中国未成年人犯罪非刑罚处罚方法存在以下两个方面的不足：一方面，非刑罚处罚方法缺乏系统、专门的规定。中国对于未成年人犯罪非刑罚处罚方法，是按照一般情况，规定于《刑法》第三十七条之中的。此外，虽然《刑法》第十七条也针对未成年人犯罪提出了两种特别的非刑罚处罚方法，但总体而言，这些方法都比较零散，缺乏系统性，更没有针对未成年人犯罪非刑罚处罚方法专条、专节的规定。另一方面，非刑罚处罚方法种类偏少、体系性不强。中国针对未成年人犯罪有七种非刑罚处罚

---

① 《刑法》第十七条第四款补充规定：“因不满十六周岁不予刑事处罚的，责令他的家长或者监护人加以管教；在必要的时候，也可以由政府收容教养。”

② 《刑法》第三十七条规定：“对于犯罪情节轻微不需要判处刑罚的，可以免予刑事处罚，但是可以根据案件的不同情况，予以训诫或者责令具结悔过、赔礼道歉、赔偿损失，或者由主管部门予以行政处罚或者行政处分。”

方法，但总体而言，种类偏少，即使与《联合国少年司法最低限度标准规则》第十八条相比，一些方法如社区服务、参加集体辅导等也没有涵盖在内。不仅如此，中国刑法中针对未成年人犯罪的非刑罚处罚方法，除收容教养涉及强制性教育外，其他方法都不需要任何劳动教育或改造措施，明显强制性不够，实践中易造成一放了之的局面。而收容教养虽涉及强制性教育改造，但却是以剥夺自由为前提的，并且期限没有明确的限制，在很多情况下，处罚又可能过重。总的来说，各种非刑罚处罚方法之间差别很大，没有形成一个轻重有别、逐级递进的非刑罚处罚方法体系。

二、中国刑法的立法完善

我国现行刑法中对未成年人犯罪适用的非刑罚处理措施种类过于单一且规定较为分散，从而难以在司法实践中得到有效的贯彻执行。为了满足司法实践中处理纷繁复杂的未成年人犯罪案件的需要，有必要对所有现有的适用于未成年人犯罪的非刑罚措施和行政措施予整合、规范和重构，建立一套多层次、多样化、科学的未成年人犯罪非刑罚处置措施体系。

《联合国少年司法最低限度标准规则》第 18.1 条明确要求："应使主管当局可以采用各种各样的处理措施，对其具有灵活性，从而最大限度地避免监禁。有些可以结合起来使用的这类措施包括：（a）照管、监护和监督的裁决；（b）缓刑；（c）社区服务的裁决；（d）罚款、补偿和赔偿；（e）中间待遇和其他待遇的裁决；（f）参加集体辅导和类似活动的裁决；（g）有关寄养、生活区或其他教育设施的裁决；（h）其他有关裁决。" 鉴于其所提出的上述各种不同的非刑罚处遇措施，是在充分考虑未成年人犯罪的复杂情况、吸取多数国家少年司法有益经验的基础上提出的，因而其成为现代各国制定未成年人犯罪非刑罚处遇措施的重要指南。为了更有利于未成年罪犯的矫正和身心健康成长，我国刑法有必要设立专门适用于未成年罪犯的非刑罚处理方法，改变目前对他们只适用刑罚的单一刑事处理模式。

我国未成年人犯罪的非刑罚处理方法的体系，可以《联合国少年司法最低限度标准规则》作为基本的指导，同时借鉴我国香港和台湾地区的做法，并结合对未成年犯罪人适用非刑罚处理方法的司法实践经验建立。由于我国幅员辽阔，各地经济发展极不平衡，不同地区未成年人犯罪的情况纷繁复杂，因而仅仅规定几种非刑罚处理方法，显然难以满足司法实践处理未成年人犯罪案件的需要。针对中国刑法的缺陷，有必要进一步完善未成年人犯罪中的非刑罚处罚方法立法模式。

对于完善未成年人犯罪非刑罚处罚方法的立法方式，一些学者提出了在借鉴境外经验的基础上，采取单行刑法或特别刑法的做法。有论者更是在详细考证的基础上指出，当前世界上许多国家，例如德国、美国、英国、日本等均存在专门针对未成年人犯罪非刑罚处罚措施加以详细规定的《青少年刑法》、《少年法庭法》、《少年儿童法》、《少年法》等，这种立法方式、立法经验值得我国借鉴。

在完善未成年人犯罪非刑罚处罚方法的问题上，借鉴境外的经验是必需的。但是否有必要对未成年人犯罪设立专门的单行刑法则值得思考。由于中国历来奉行的是统一刑法典的做法，且统一刑法典确实有利于司法中适用刑法的便利，有利于在现有的司法水平下更好地实现罪刑法定的要求，因而主张将刑法典加以分立，设立诸如未成年人刑法之类的单行刑法观点是值得商榷的。更何况，从我国诉讼体制、法院建制来说，目前中国绝大部分地区并不存在专门的少年法庭，未成年人犯罪案件，仍是由人民法院刑事审判庭加以审理的。在这种情况下，专门制定未成年人刑法的必要性就更小了。当然，目前虽不需要制定专门的未成年人犯罪单行刑法，但是出于将未成年人犯罪中非刑罚处罚方法加以系统化整理的考虑，有必要在刑法典中设立专条甚至专节，对未成年人犯罪的处罚措施，特别是其中的非刑罚处罚方法作出专门性规定。①

① 高铭暄、张杰：《中国刑法中未成年人犯罪处罚措施的完善——基于国际人权法视角的考察》，载《法学论坛》2008 年第 1 期。

第九章　国际未成年人违法犯罪处置措施发展概况

第一节　国际条约对未成年人违法犯罪规定的处罚理念与措施

鉴于未成年人特殊的生理、心理特征，应当针对未成年人犯罪设置特别的处罚措施，这是当今国际社会的共识。为了指引世界各国的未成年人保护立法和司法实践，联合国制定了一系列未成年人保护方面的国际公约，20 世纪八九十年代先后制定了《儿童权利公约》、《联合国少年司法最低限度标准规则》、《联合国预防少年犯罪准则》和《联合国保护被剥夺自由少年规则》等国际规则。上述联合国规则（准则），确立了关于未成年人保护、未成年人司法以及未成年人犯罪刑罚原则。我国作为联合国的成员国和上述国际规则的签署国，在我国的未成年人犯罪刑罚制度中，也在一定程度上接受了其中所确立的国际未成年人司法准则。① 其中对未成年人刑罚适用和犯罪预防关注较多的国际公约主要包括：1985 年第七届联合国预防犯罪和罪犯待遇大会通

① 嵇昆梅：《解读〈国内法与国际法下的未成年人刑事责任决议〉》，载《法学杂志》2005 年第 3 期。

过的《联合国少年司法最低限度标准规则》（又称“北京规则”）、1990年第八届联合国预防犯罪和罪犯待遇大会通过的《联合国预防少年犯罪准则》（又称《利雅得准则》）和《联合国非拘禁措施最低限度标准规则》（又称《东京规则》）。

“北京规则”的宗旨是要求会员国总的社会政策应努力促进少年的福利，尽量减少司法干预，对触犯法律的少年给予有效、公平、合乎人道的待遇，既保护青少年的成长，又维护社会的安定秩序。“北京规则”反映了少年司法的目的和精神，对少年司法工作作了规定。其确立把少年同成年人明确分开的原则，立足于建立一个具有专门业务、工作人员和服务的完全独立的司法系统，其目的是避免未成年人由于身心的不成熟而在刑事诉讼中受到不利的影响。“北京规则”第二十四条、第二十六条还规定了对被监禁的未成年犯罪人的权利保障，如要为被监禁的未成年人提供教育、职业培训等援助。“北京规则”还对未成年人刑罚适用的具体措施进行了限制，确立了非监禁刑为主、监禁刑为辅的处罚原则。根据该规则第十七条、第十九条的规定，在一般情况下不应当对未成年人适用监禁刑，即使适用了监禁刑，期限也要尽可能地缩短。而且对于被监禁的未成年犯罪人要实行未成年人与成年人关押，要对被监禁的未成年人采取更多的假释，使他们尽快回归社会。可见，“北京规则”的特点在于：把保护少年利益作为贯穿规则全部内容的基本原则；以维护各国的少年刑事司法制度为前提；强调处理少年案件的多样性。

《利雅得准则》规定了预防少年犯罪的标准，[①] 预防青少年犯罪包括冲突前阶段，即青少年违法之前的阶段，该规则制定了

---

① 李学斌：《论〈利雅得准则〉中的基本原则》，载《青海社会科学》1998年第2期。

一整套为实现这一目的的措施，包括提供了青年犯罪问题的概念框架，区分了守法行为和违法行为，并且规定了违法行为的后果，对于各国的未成年人刑罚适用制度和未成年人犯罪预防措施都具有重要的指导意义，因为未成年人刑罚适用制度同时也要体现预防犯罪的思想和价值取向。《利雅得准则》要求着眼于儿童的成长，把解决预防少年犯罪问题作为少年司法工作的一个组成部分，采取多部门和多学科的处理办法，强调对所有青少年实行早期保护性和预防性办法。该准则第五条规定了预防少年违法犯罪政策的具体内容。例如，为青少年提供受教育的机会，防止青少年受到社会的不良影响，保障他们健康地成长和发展。该准则还要求对违法的未成年人采取宽容的态度，除非是十分严重的违法犯罪行为，否则就不应当对未成年人进行处罚。

《联合国非拘禁措施最低限度标准规则》主要是对未成年人羁押措施进行规范和限制，目的在于保障被剥夺自由的未成年人的合法权益。该规则提倡尽量少采取剥夺儿童自由的手段，特别是在监狱和其他封闭设施中。规则不承认审前和预防性拘留，而提倡废除对青少年实行监禁和死刑，要求将少年同成年人完全隔离开来，以确保他们不受有害影响和遭受危险情况。规则规定了拘押儿童的单独设施的管理和运作标准及程序。例如，该《规则》第二部分第三条规定："为了配合犯法行为的性质和严重程度、罪犯的个性和背景以及保护社会的需要，并避免不必要地使用监禁办法，刑事司法制度应规定出一套从审前至判决后处置的范围广泛的非拘禁措施。应决定可用的非拘禁措施的数目和种类以便保持始终一贯的判刑。"第六部分第一条规定："审前拘留应作为刑事诉讼程序的最后手段加以使用，并适当考虑对被指称犯法行为的调查和对社会及受害者的保护。"

"北京规则"、《利雅得准则》和《东京规则》等非约束性法律文件通过专门独立的少年司法工作系统，包括少年犯罪预防和使罪犯重新融入社会，确定了保护少年权利的规范框架，这些文件包括了有关未成年人犯罪司法的所有过程（预防、裁决、判刑、监禁、罪犯释放后安置）以及冲突前、冲突中和冲突后阶段，确定了保护少年诉讼权利的基本框架，其目的在于保护少年的地位、权利、利益、发展和幸福，确保少年得到公平的对待并受到司法系统的保护，着眼于对少年免予刑事定罪和免予惩罚；要求对预防少年的违法行为从轻作适当反应，并在考虑到年龄和少年成长因素的情况下，才可对少年罪犯给予适当制裁。

在联合国相关国际人权公约中，《世界人权宣言》、《经济、社会及文化权利国际公约》、《公民权利和政治权利国际公约》以及专门的《儿童权利公约》等国际人权法中，均对未成年人犯罪作了下列特殊的处罚措施规定。

一、死刑的绝对禁止

国际人权法多次重申，对未成年人犯罪，不能适用死刑。例如，《公民权利和政治权利国际公约》第六条第五款就规定："对 18 岁以下的人所犯的罪，不得判处死刑。"此外，《儿童权利公约》第三十七条，《联合国少年司法最低限度标准规则》第 17.2 条等也有相同的规定。

二、无期徒刑的禁止

国际人权法对未成年人犯罪适用无期徒刑作出了限制性规定。《儿童权利公约》第三十七条指出，缔约国应确保对未满 18 岁的人所犯罪行不得判以无释放可能的无期徒刑。

三、监禁刑的慎重性适用

在未成年人犯罪情节较为严重，必须适用徒刑时，国际人权公约考虑到监禁刑可能对未成年人心灵造成更大的伤害，明确要求对未成年人犯罪尽可能少地实施封闭性的关押。例如，《囚犯待遇最低限度标准规则》第5（2）条规定："青少年囚犯……一般而言……不应判处监禁。"此外，《联合国少年司法最低限度标准规则》第17.1条规定："主管当局的处理应遵循下列原则……（b）只有经过认真考虑之后才能对少年的人身自由加以限制并应尽可能把限制保持在最低限度；（c）除非判决少年犯有涉及对他人行使暴力的严重行为，或屡犯其他严重罪行，并且不能对其采取其他合适的对策，否则不得剥夺其人身自由……"第19.1条规定："把少年投入监禁机关始终应是万不得已的处置办法，其期限应是尽可能最短的必要时间。"国际人权公约的这种规定，体现出的精神是：一方面，对未成年人的违法行为，应慎重地纳入刑法范畴进行处理；另一方面，即使必须作为犯罪进行处理时，也应尽可能不加以监禁刑。

四、鼓励适用非刑罚处罚方法

与对死刑、自由刑等刑罚措施的禁止性、慎重性态度相对，国际人权法对未成年人犯罪中的非刑罚处罚方法持支持、鼓励的态度，这是由非刑罚处罚方法对未成年人犯罪相对刑罚措施天然的优势所决定的。

国际人权法对未成年人犯罪非刑罚处罚方法作了相当详细的规定。《儿童权利公约》第四十条第四款规定："应采用多种处理办法，诸如照管、指导和监督令、辅导、察看、寄养、教育和职业培训方案及不交由机构照管的其他办法，以确保处理儿童的方式符合其福祉并与其情况和违法行为相称。”《联合国少年司法最低限度标准规则》更是对未成年人犯罪适用非刑罚处罚方法作出了非常明确的指导性规定。其中，第18.1条要求：“应使主管当局可以采用各种各样的处理措施，使其具有灵活性，从而最大限度地避免监禁。有些可以结合起来使用的这类措施包括：(a) 照管、监护和监督的裁决；(b) 缓刑；(c) 社区服务的裁决；(d) 罚款、补偿和赔偿；(e) 中间待遇和其他待遇的裁决；(f) 参加集体辅导和类似活动的裁决；(g) 有关寄养、生活区或其他教育设施的裁决；(h) 其他有关裁决。”

由这些规定可以看出，联合国主张对未成年人犯罪适用形式多样的非监禁措施，以尽可能避免监禁刑在未成年人犯罪中的适用。

目前，我国现已签署《公民权利和政治权利国际公约》和《儿童权利公约》，并且在联合国预防犯罪和罪犯待遇大会上赞成、承认了“北京规则”、《利雅得准则》和《东京规则》。这些国际公约都对我国的立法产生重大的影响，主要表现在：第一，国际公约禁止对未成年人适用无期徒刑。《儿童权利公约》第三十七条指出，缔约国应确保对未满18岁的人所犯罪行不得判以无释放可能的无期徒刑。我国刑法并没有对未成年人适用无期徒刑作出特别规定，因此依据法律，司法中可以对未成年人犯罪判处无期徒刑。虽然我国刑法中的无期徒刑，由于减刑、假释制度的存在，与《儿童权利公约》中所指的“无释放可能的无期徒刑”有所区别，但从对未成年人保护的角度出发，对未成年人犯罪，应当限制或者不适用无期徒刑，立法有必要对此作出明确的宣示。第二，国际公约主张对未成年人犯罪适用形式多样的非监禁措施，以尽可能避免监禁刑在未成年人犯罪中的适用。《儿童权利公约》第四十条第四款规定：“应采用多种处理办法，诸如照管、指导和监督令、辅导、察看、寄养、教育和职业培训方案及不交由机构照管的其他办法，以确保处理儿童的方式符合其福祉并与其情况和违法行为相称。”目前，我国的未成年人犯罪非刑罚处罚方法缺乏系统、专门的规定，而且非刑罚处罚方法种类偏少、体系性不强，需要进一步完善。

因此，我国作为联合国的成员国，有义务遵循上述国际条约和国际法律文件中关于未成年人权益的规定，在国内立法和国际条约的国内实施方面尽可能地缩短与国际标准的差距。

第二节　国外未成年人违法犯罪处置措施的特点和相关启示

国外未成年人刑罚适用的重心在于教育、保护、预防等多种措施的共同运用，把刑罚作为一种施加于未成年犯罪人的例外措施，刑罚被限制在较为狭小的空间内。从处理未成年人犯罪司法实践来看，大多数未成年人犯罪案件均以保护处分处理，充分体现了以教代刑的共同理念。在司法实践中，对于未成年人判处刑罚的比例非常小，只有在未成年人犯有严重罪行时，才可以适用刑罚。强调对未成年人的特殊保护已成为当代未成年人刑罚制度的一个世界性发展趋向。

一、国外未成年人违法犯罪处置措施的特点

（一）美国①

刑罚是一种最为严厉的法律制裁方式。在实践中，传统的刑

① 详见吕征：《美国犯罪少年的刑罚替代措施》，载《青少年犯罪问题》2006年第3期。

罚措施并没有对青少年犯罪产生较好的预防和矫治作用，相反，对于身心尚未发育成熟的犯罪少年来说，刑罚的适用可能使少年的健康成长与社会化过程出现异常，对其今后的发展产生更为不利的影响。随着责任社会化和人道主义思想的产生，少年保护的理念开始融入少年司法之中，刑罚替代措施的应用为犯罪矫治开辟了一条新的道路。美国是最早对少年刑罚进行改革的国家，在百余年的实践与探索中，美国已经形成了较为系统、科学的少年矫治体系。

目前，美国联邦大约有 1100 个公立机构和 2000 个私立机构对少年犯进行关押。除了这些对少年犯的专门机构，犯罪少年还可能被关押在成人监狱（美国目前大约有 8000 个）、警察局拘留所及其他联邦或州立的成人矫治设施中。在所有这些公立和私立的机构中，关押少年的数量总计可达 10 万人。① 这些公立机构中关押的主要是那些实施了严重的财产犯罪、暴力犯罪、人身攻击犯罪以及与毒品有关的犯罪的少年。大部分的私立机构则相反，主要是身份犯和一些不构成刑法上犯罪的少年。

美国少年监禁机构的环境令人担忧。监禁机构非常拥挤，47% 的少年所被关押的机构中，实际收容人数已超过机构本身的定额。安全问题也相当突出，一项为期 30 天的调查显示，大约 2000 名少年和 650 个工作人员被机构中的少年所伤害，在较为拥挤的监禁机构中，安全问题则更为严重。除此之外，在这一个月中，大约有超过 800 人逃跑，另有 800 多人试图逃跑却未能成

① James Austin, Barry Krisberg, Robert DeComo, sonya Rudenstine, Dominic Del Rosario, and National Council on Crime and Delinquency, Juvenile Taken Into Custody: Fiscal Year 1993 (Washington, DC; Office of Juvenile Justice and Delinquency Prevention, 1995), p. 4.

功，还有970人实施了1487次自杀行为。①

实际上，人们对青少年犯罪矫治措施改革的关注，开始于19世纪上半叶，比少年法院的改革还要早半个多世纪。1825年，美国纽约建立了第一个避难所，主要是照管那些难以管教、被遗弃、无家可归及有不良行为的少年，但犯重罪的未成年人，仍被关押在成年人的监狱中。20年后，马萨诸塞州于1846年建立了第一个州立少年训练学校（Reform School）——莱曼男子训练学校（The Lyman School for Boys）。到了1876年，全国共有训练学校和避难所50多个。至1890年，北部各州几乎均建立了训练学校，并且还有很多州建立了专门为女孩开设的训练学校。并不是所有的违法少年均被送到训练学校。在19世纪后半叶，查尔斯·布鲁斯及其他一些儿童拯救者建立了一种新型的矫治方式，将城市中的问题少年以学徒身份送往中部和西部的农场。

随着1899年美国伊利诺伊州库克县第一个少年法庭的建立，少年矫治的理念再次产生了巨大的变化。当保护观察、社区监督等措施适用，在成年人矫治体系中刚刚开始进行尝试性的改革时，马萨诸塞州已将这种措施实行20多年了。保护观察这种措施很快为伊利诺伊州的少年法庭所接受。几十年后，美国所有的少年法庭均采纳了这种方式。

大部分的初犯少年均被判处保护观察，但是保护观察并不是少年法庭能适用的唯一的刑罚替代措施。目前，少年法庭可以采取多种判决方式：保护观察、家庭监禁、电子监控、支付罚金、赔偿损失，以及训练营地的短期安置等。

① Robert M, regoli, John D – Hewitt, Delinquency in Society, (the Mc – Hill companies, 2000), p. 426.

1. 保护观察（Probation）

保护观察是一种并不剥夺人身自由的措施。虽然法院判决或宣称少年的行为构成违法犯罪，但只要该少年不再进一步实施违法行为，并能符合一定的条件，法院即可对少年判处保护观察，赋予其一定条件的人身自由。不管少年的行为性质如何，只要符合上述条件，法院通常都会判处保护观察，大多数州已将保护观察作为一种刑罚替代措施。据统计，经少年法院审理并被判决有罪的少年中，大约60%适用了保护观察。①

保护观察建立在这样的信念之上：将不良少年放置到社区内，使其恢复正常生活，这样的矫治效果要好于设施内的处遇。保护观察的目标是使少年恢复正常的生活，重新成为社会的一员。要实现这个目标，保护观察员的工作极其重要。目前，有些少年法庭并未采取保护观察措施，对于这些法庭来说，案件负担非常严重，从而导致对少年本应为细致、个别化的辅导和监督，只能代之以偶尔的、敷衍的电话访问的形式。20 世纪 90 年代，美国少年司法中心（National Center for Juvenile Justice）作了一项调查，各法院判处保护观察的案件数量差别很大，从 2 件到 200 件不等。各法院平均受案 41 件，其中 30 件被认为是比较理想的。②

对于那些初犯、危险性不大的少年，一般无须进入审判程序，而被施以保护观察；对于那些较为严重的违法少年，则须经过法庭审理，最终作为设施内监禁的替代措施，对其进行保护观

① Jeffrey Butts, Howard Snyder, Terrence Finnegan, Aughenbaugh, Nancy, Tierney, Dennis Sullivan, and Rowen Poole, Juvenile Court Statistics, 1992 (Washington, DC; U. S, Department of Justice, 1995), p. 14.

② Patricia Torbet, Juvenile Probation – The Workhorse of the Juvenile Justice System (Washington, DC; Office of Juvenile Justice and Delinquency Prevention, 1996).

察。在美国各州甚至在同一州的不同司法权限下，保护观察员的职责都有所不同。但对于任何案件，保护观察的基本功能是：对少年法庭和家事法庭中的案件进行甄别和筛选；在处置和判决前对少年进行调查，法院指令保护观察员对违法少年进行监管。由法院作出的对少年监管的保护观察令，一般要求少年遵守法律、按时上学、定期会见保护观察员、在社区范围内活动、夜间在指定的时间段内不得外出等。法官有权力限定上述条件。保护观察机构中，有的对那些刚从监狱中释放出来的少年进行监管，有的则负责执行少年拘留，或者管理当地的居住性设施和其他一些矫治措施。

保护观察自其产生时起就被认为是一项很好的措施，直至今日，也很少受到司法审查。但是，现在学术界基本一致认为实施保护观察的条件要受到一定的限制。例如，在少年法庭中，保护观察最主要的目的就是让少年参与到社区活动中，通过治疗和引导，使其恢复正常的生活，如果条件不能实现上述目的，则不得适用保护观察措施。

2．家庭监禁和电子监控（Home Confinement and Electronic Monitoring）

对于少年监狱和拘留中心等替代措施的研究，促进了以社区为基础的多种处置措施的发展。为了避免“标签效应”，少年法庭大力寻求惩罚性最小的替代措施。

（1）家庭监禁

家庭监禁也称做House Arrest 或 Home Detetion，就是在少年的家庭环境中对其实施的内部监督和管理。家庭监禁一般由少年法院保护观察机构进行管理和监督，内容包括每天与违法少年见面，每天与少年的家长、老师和雇用者见面。

除了上学、工作及其他事先取得许可的事情外，少年通常被限制待在家中。少年不在家里的时候都要受到家长和保护观察机构的严密监管。家庭监禁措施的倡导者指出，这种方式的花费还不到将少年置于监狱和拘留中心花费的1/4。

（2）电子监控

电子监控是由家庭监禁变换而来的一种方式。电子监控或者称做“跟踪系统”，一般来讲有两种类型：主动的和被动的系统。主动的系统主要指需要对少年进行持续监督的情况。此时少年的脚腕儿、手腕儿和脖颈需要戴上传感器，在活动范围100英尺到150英尺内，这个传感器能够发出持续的信号，信号的接收端则与家里的电话相连。如果这个少年在指定的时间内，并没有在指定的活动范围内，那么系统则会发出信号，对监督者发出警示信息。在被动系统中，少年通过电话发出信号以回应computer - activated calls. 少年可以将手腕儿上配置的特殊插头插入传感器中，也可以直接回应电话（少年的声音已经被提前输入，电脑可以通过程序辨认）。这两种方法可以通过电脑核实在指定时间内该少年是否在指定范围内活动。

3. 罚金和赔偿损失（Fine and Restitution）

美国各州现在都批准罚金和赔偿损失可以作为一种刑罚替代措施，并且可以成为保护观察的条件之一。赔偿损失是由法院判令少年以金钱或劳动的形式对受害人或其社区进行补偿。学者Anne schneider认为，赔偿损失这种措施是基于少年应对自己的违法行为负责的理念。当该少年的行为对他人造成危害或损失时，他应该予以赔偿。少年法院通常根据下列三种方式中的一种对少年判处赔偿损失。方式之一是法官根据在判决听证（sentencing Hearing）中违法少年与被害人的陈述决定赔偿的金额；方式二是法官根据内心确信直接判定违法少年应当赔偿的金额；方式三是将被害人和违法少年召集到一起，共同协商并决定赔偿的数额，以达到双方都满意的结果。

罚金则是由法院判处由少年或其家长缴纳一定数量的金钱。罚金很少单独作为一种处置方式。通常情况下，罚金与其他处置措施（如保护观察等）共同适用。在被判处的罚金中，有一部分用于法庭的审理费用、对少年进行毒品和酒精治疗的花销，以及补偿被害人的损失。

4. 训练营地（Boot camps）

训练营地是一种较新的刑罚替代措施形式，20 世纪 90 年代中期，美国只有 10 所。最早建立的训练营地是在路易斯安那州的奥尔良教区，时间也不过是在 1985 年。几乎所有的训练营地都仅仅适用于男性少年。同其他成年人训练营地一样，这里接收那些“中等程度”的违法少年——他们并不能在严厉性较小的措施中得以矫正。例如，保护观察，但是也并不是那种最“顽劣”、难以改造的少年。当然某些类型的违法少年也不被训练营地所接受，如性犯罪、持械抢劫及有犯罪记录的严重暴力行为。大部分训练营地接收 15 ~ 20 岁的少年，但是也有些例外，如密西西比州接收少年的最低年龄为 10 岁，亚拉巴马州接收 12 ~ 13 岁的少年。

训练营地的花费一般低于传统的州立监禁机构。根据美国学者 Michael、Peters 和他的学生们对训练营地所作的调查显示，训练学校中每个少年的费用（6241 美元）大约是在州立监禁机构费用（11616 美元）的一半。但是，训练营地的费用还是远远超过保护观察的费用（516 美元）。[①] 大多数在训练营地的少年都

① Michael Peters, Dabid Thomas, Christopher Zamberian, and Caliber Associates, Boot camps for Juvenile Offenders; Program Summary (Washington, DC; Office of Juvenile Justice and Delinquency Prevention, 1997), p. 25.

要经过90～120天的训练，亚拉巴马州的训练时间则较短，只有30天左右。这里的少年要接受军事化管理，强调对身体的训练，每天要工作3～6小时。所有的训练营地都有文化教育，并且大部分营地还进行假期辅导（vocational Education）、工作技术训练和就业培训，指导其对毒品、酒精的正确使用。

大部分训练营地还要对训练结束后的少年进行照管和监督。有些州，少年从训练营地释放以后，还要接受社区的密切监督。在科罗拉多州的丹佛，少年从训练营地被释放后，还要到以社区为基础的一种特殊学校接受为期6个月的学习。

5. 假释（Parole）

假释也称为释放安置（Aftercare），就是在少年被判处刑期执行完毕之前被释放。少年假释源于早期的避难所，那时要求少年执行完刑期后，还要在个人家庭中居住，并在这里工作几年。负责少年的衣食住行是这些家庭的责任，当然他们也有权力决定这些孩子何时能获得完全的自由。

现在，少年是否符合条件能够予以假释，则由监禁管理人员来决定。但是，将对少年作出是否予以假释这种重要决定的权力委托给监禁管理人员，也会产生很多问题。按照传统法律关于不定期刑的规定，赋予监禁管理人员以假释的权力，他们可以在相当长的期限对少年决定是否予以假释。

6. 转向处分①

20世纪70年代以后，美国更进一步对少年司法体系存在的侵犯少年权益、矫治效果不佳、重新犯罪率高等问题进行了反思，提出了以脱离少年司法体系和非教养化为核心、广泛利用社

① 康树华：《美国青少年犯罪预防体系和措施》，载《吉林大学社会科学学报》1992年第2期。

会力量矫治青少年司法体系变革计划，即“转向处分”。转向处分就是对于犯罪轻微的少年，不予审判，更不予以处罚，而代之以教育性的辅助措施。“转向”计划很广泛，有与学校有关的转向，即将违法犯罪少年交学校处理；有与社区有关的转向，即将违法犯罪少年交社区服务机构处理；有与警察有关的转向，由警察处理违法犯罪少年或解决家庭危机、纠纷，预防犯罪。为配合“转向”措施的实行，美国建立了一些社区性组织，如治疗之家、寄宿学校、森林营地以及寄养家庭等。此外，还设立了青年服务局，接受从少年法院“转向”出来的少年，协调社区内各种社区性青少年矫治措施和少年犯罪预防措施，并提供一定服务，如抑制逃学、家庭危机干预、就业辅导等，目的是预防犯罪。

（二）德国

在德国，根据《少年法院法》的规定，少年是指行为时已满 14 周岁不满 18 周岁者。德国针对未成年人犯罪的处罚措施很多，包括教育处分、科处惩戒措施或少年刑罚。在司法实践中，教育措施被广泛采用，即使采用自由刑，少年法官仍然可以基于教育目的或者检察官的建议而予以缓刑或者放宽执行，同时规定相应的教育措施。德国法律中体现对未成年人教育、挽救原则的制度有：第一，少年犯罪的缓科，是指虽经过调查，但是仍然无法把握确定少年的违法行为所表明的危险倾向程度，而判处其刑罚又属于必要的，法官先确定该少年的罪责，对少年刑罚予以缓科，并规定一定的考验期。少年在考验期如果表现良好，则有罪判决即告消灭。第二，少年法院帮助制度。德国的《少年法院法》规定由少年福利局和少年帮助协会共同完成对少年犯的帮教，这些机构的少年帮助代表应向少年法院提供有关教育的、社会的和帮助的观点，供少年法院参考。少年法院帮助代表参与少年刑事案件的整个处理程序，因此可以有针对性地为少年法庭的判决提供帮助性的参考意见。①

（三）日本

在日本，法律对于量刑从宽原则的规定比较具体，日本的《少年刑法》对犯罪少年专门规定了不同于并明显轻于成年人的刑罚标准，除无期徒刑、有期徒刑、禁锢外，还采用了不定期刑的刑罚方法，在形式上更为灵活。例如，日本《少年刑法》规定“对于未满 18 岁犯罪的，应当判处死刑时，判无期徒刑；应当判处无期徒刑时，判 10 年以上 15 年以下监督劳动或者监禁。”日本《少年刑法》规定了较为宽松的假释条件：判处无期徒刑，已经服刑 7 年的；判处 10 年以上 15 年以下有期徒刑，已经服刑 3 年的；判处 10 年以下有期徒刑，已经经过宣判的最低刑的 1/3 的，可以准许出狱。日本法律对未成年犯罪人不计前科，凡是犯罪少年刑罚执行完毕或免予执行，皆视为未受过刑罚处分。②

二、国外的上述相关立法对我国的启示意义

第一，要借鉴国外的教育刑理念和立法规定，如德国《少年法院法》中的“教育处分”和日本的《少年法》中的“保护处分”措施，这些以教育未成年人改过自新为目的的措施，体现了对未成年人的保护和挽救，能够使误入歧途的违法犯罪未成年人得到矫正。我国要在未成年人保护立法方面建立健全此类措施，实现对未成年人的教育和保护。

第二，建立前科消灭制度。前科消灭制度是当今世界上许多

① 樊荣庆：《德国少年司法制度研究》，载《青少年犯罪问题》2007 年第 3 期。

② 张雯：《中外少年司法制度比较研究》，载《贵州民族学院学报（哲学社会科学版）》2002 年第 1 期。

国家对未成年犯罪人广为采用的一种制度。完全或者限期取消未成年人犯罪记录，不让刑事污点载入档案，这种做法的主要目的是给犯罪未成年人重归社会创造一个没有歧视的环境。我国《刑法》第一百条规定了前科报告制度。根据该条规定，依法受过刑事处分的人，在入伍、就业的时候，应当如实向有关单位报告自己曾受过刑事处罚，不得隐瞒。刑事前科会导致刑法上的后果和非刑法上的后果。刑法上的后果，即刑事前科是刑罚从重的情节。非刑法上的后果是，刑事前科直接导致犯罪者在犯罪后某些权利的丧失、资格的限制。例如，《法官法》、《检察官法》《人民警察法》、《教师法》均规定了具有刑事前科的人不得从事以上职业。根据前文对国外前科消灭制度的介绍可以看出，我国的前科制度不符合未成年人刑罚适用的指导思想，虽然，《预防未成年人犯罪法》第三十六条第二款规定："家庭、学校应当关心、爱护在工读学校就读的未成年人，尊重他们的人格尊严，不得体罚、虐待和歧视。工读学校毕业的未成年人在升学、就业等方面，同普通学校毕业的学生享有同等的权利，任何单位和个人不得歧视。"第三十九条第二款规定："解除收容教养、劳动教养的未成年人，在复学、升学、就业等方面与其他未成年人享有同等权利，任何单位和个人不得歧视。"从这些法律规定来看似乎我国不存在对未成年犯罪人的歧视，但实际上在其他民事、行政规定上依然对有犯罪前科的人有诸多不利。例如，有犯罪前科的人不得担任教师、法官、检察官、律师，有犯罪前科的人不得参加公务员考试等。这些规定无疑给未成年犯罪人重新回归社会带来了严重的障碍。对未成年罪犯来说，前科制度使"罪犯"的标签牢牢地贴在他们的身上。这个标签会被认为是他们个人品格的概括和说明，使他们常常被人们视为危险人物而被排斥在群体之外或者是社区的边缘地位，严重影响他们重新做人的信心，延缓他们回归社会的进程。另一方面，前科制度使我国刑法对未成年人从宽处罚的原则也打了折扣，加大了罪犯改造的成本，甚至会使部分犯罪未成年人重新走上犯罪的道路。因此，必须尽快完善我国的未成年人犯罪的前科消灭制度。

第十章　构建我国未成年人犯罪处置体系

为了更有利于未成年犯罪人的矫正和身心健康成长，我国有必要对未成年人犯罪处置体系在现有的基础上进行修正和完善，建立系统而科学的未成年人犯罪处置体系。我国未成年人犯罪处置体系的合理构建，可以“北京规则”作为基本的指导，同时借鉴世界上其他国家在未成年人犯罪处置体系的先进立法经验，并结合我国的具体国情和司法实践经验进行。

第一节　指导理念和立法方式

一、指导理念及其理论依据

体系构建，观念先行。纵观国外少年司法制度，或呈现福利型转化趋势，或倡导对案件处理轻刑化、社会化、多样化发展，非刑罚处置措施已成为制裁未成年人犯罪的主要方式。我国也应该与国际潮流接轨。在立法层面上，在构建未成年人犯罪制裁体系时，应当确立“以非刑罚处置措施为主、刑罚为辅”的指导理念，构建多层次的、合理的、有效的非刑罚处置措施体系，达到将大部分未成年人犯罪纳入非刑罚处置措施体系适用范围之内的目的。这种立法上的指导理念体现在司法层面上，则是需要确立“非刑罚处置措施优先于刑罚”的原则，即对未成年人犯罪首先考虑适用非刑罚处置措施，在能够适用非刑罚处置措施时，就应当尽量不适用刑罚。

（一）未成年犯罪人的自身特性

正如有学者所说：“未成年人的行为与成年人不是数量上的不同，而是本质上的不同。”[①] 首先，从未成年人实施犯罪行为的社会危害性来看，和成年人相比具有明显的区别。“行为人的辨别与控制能力本身能说明行为的社会危害性”，[②] 两者是成正比的关系，当行为人的辨别能力和控制能力低时，其反映出来的主观恶性就小，社会危害性随之也轻。而人的辨别能力和控制能力不是与生俱来，自小就有的，它需要人的身心发育的逐步成熟和对社会知识的学习和积累，因此人的辨别能力和控制能力肯定会受到年龄的制约。未成年人由于心智尚未成熟，社会知识相当粗浅，尚不能完全正确地认识周围事物和自己行为的社会性质和意义，因此其辨别能力和控制能力相对成年人来说要低，其犯罪行为的社会危害性相对成年人来说也要小。所以，对未成年人犯罪主要适用非刑罚处置措施，大多也可以做到罪责刑相适应，普通社会公众和被害人也大多能对此予以宽容和理解。其次，未成年犯罪人具有很强的可塑性。未成年人实施危害社会的行为在很大程度上是不良环境因素影响和行为人幼稚无知综合作用的结果，他们大多涉世不深，生理和心理刚刚开始发生显著变化，正处于人生观和世界观形成的时期，易受周围环境和他人言行的影响，具有可塑性。如果对他们采用刑罚，让他们在封闭的监狱里

① 王牧：《我国应当尽快建立少年司法制度》，载《人民法院报》2003 年 1 月 6 日。

② 张明楷著：《刑法格言的展开》，法律出版社 2003 年版，第 171 页。

生活，不仅会导致他们丧失各种正常的学校教育、家庭教育或社会教育的机会，而且在监狱这样复杂的环境里，容易导致“交叉感染”，心理进一步扭曲，人格进一步异常，将对社会和他们未来的生活产生不利影响。可见，对其采用刑罚，消极作用可能多于积极作用。而通过采取非刑罚处置措施，根据其不同的人格、体质、环境等因素，有针对性地对他们进行矫治、教育、感化、挽救，可以使他们成为有理想、有道德，遵纪守法，具有一定科学知识和生产技能的健康公民。

（二）我国对未成年人犯罪一贯的刑事政策

《预防未成年人犯罪法》第四十四条第一款明确规定：“对犯罪的未成年人追究刑事责任，实行教育、感化、挽救方针，坚持教育为主、惩罚为辅的原则。”这一政策已被理论和长期的实践证明是正确有效的。由于未成年人的身心特点，对未成年犯罪人应主要着眼于加强家庭、学校和社会教育，注重预防，不宜过分强调刑罚的惩罚作用。

从司法实践情况看，对未成年人犯罪适用刑罚的效果并不理想。但是，我国立法上对于未成年人犯罪，仍是集中于刑罚制度的构建和适用，而忽视了非刑罚处置措施体系的构建和适用。由此，导致法院在审判未成年人犯罪时，由于找不到足够的法律依据来优先适用非刑罚处置措施，而往往只能对未成年犯罪人大量地适用刑罚。因此，对未成年人犯罪需要确立“以非刑罚处置措施为主、刑罚为辅”的指导理念，如此才会符合我国对未成年人犯罪的刑事政策。

（三）非刑罚处置措施的功能

非刑罚处置措施的功能，是指国家创制、适用与执行非刑罚处置措施所可能产生的积极的社会作用。由于非刑罚处置措施与刑罚都是犯罪人违反刑法的法律后果，都是国家对犯罪人的一种否定性评价，二者处于对犯罪的处置体系中两个不同层次，呈一种递进关系，因此除了剥夺功能这一点之外，二者在其他功能上应该说具有很多相似之处。

具体而言，对未成年犯罪人适用非刑罚处置措施，会产生以下功能：(1) 保护功能。这是对未成年人犯罪适用非刑罚措施最主要的功能，即可以让未成年犯罪人免受刑罚处分所带来的限制自由、受过处分的烙印无法去除以及在监狱里“交叉感染”等负面因素的影响，从而保护未成年犯罪人的健康成长，使其以后能够进行正常的社会生活。(2) 矫正功能。人的思想是具有可塑性的，对未成年犯罪人适用非刑罚措施，采取一定的强制手段，可以迫使未成年犯罪人改变其不良习性和不健康的心理状态，消除其违法犯罪的思想，成为自食其力、遵纪守法的公民。(3) 感化功能。犯罪人也是人，也有感情诉求，外界的刺激对其心理也会产生一定的影响。对未成年犯罪人适用非刑罚处置措施，通过对其宽大处理和人性化的处遇，动之以情，晓之以理，打动其心灵，启迪他的理智，从而对犯罪人起到攻心作用，使其决心改恶从善，重新做人。(4) 威慑功能。可以分为个别威慑和一般威慑，即通过对未成年犯罪人适用非刑罚处置措施，一方面可以使未成年犯罪人本人感受到其威慑力，从而抑制其再犯罪的动机，不再实施犯罪行为，另一方面可以震慑其他的潜在未成年犯罪人约束自己的行为，从而防止其实施犯罪行为。(5) 鉴别功能。通过对未成年犯罪人适用非刑罚处置措施，不仅可以使犯罪的未成年人认识到自己行为的社会危害性，从而接受教训以后不犯，而且可以对其他未成年人起到一个法制宣传教育的作用，使其能够明辨是非，提高法制观念，进而避免更多的未成年人走上违法犯罪的道路。(6) 补偿安抚功能。对未成年犯罪人适用非刑罚处置措施，可以平息被害人和社会公众的公愤，抚慰其受到的精神创伤，使被害人从犯罪造成的痛苦中解脱出来，而且如果造成物质损失的，还可以补偿被害人的物质损失，从而达到补偿安抚的目的。（7）鼓励功能。对未成年犯罪人适用非刑罚处置措施，是对犯罪人的一种否定，但对守法公民则表现为鼓励，这是一种肯定的功能，其结果在于强化公民的守法意识。

可见，非刑罚处置措施的上述功能，和未成年犯罪人的生理、心理和智力发育特点比较相符合。

（四）刑法的谦抑性

刑法的谦抑性，是指立法者应当力求以最小的支出——少用甚至不用刑罚（而用其他刑罚替代措施），获取最大的社会效益——有效地预防和控制犯罪。[①] 这是现代刑法所追求的最重要的价值目标之一。刑法的谦抑性最主要的表现之一就是要求刑法节俭，即所谓的刑法经济，这是指以最少量的刑法资源投入，获取最大的刑法效益。刑罚的适用不是无本万利的，而是需要一定的物质支持，即一定的社会成本的支出，如监狱就需要很大的经济成本。因此，在处置违法犯罪活动时，就需要谨慎地考虑刑罚适用的必要性和有效性。“刑罚是给予拘束自由这样的重大痛苦的措施，其本身并非理想的，而是不得已的社会统治手段”，[②] 对未成年人适用刑罚在某些方面可能会产生积极作用，但是也会带来明显的消极作用，这不是最佳的，也不是不得已的选择。因此，只要能够实现预防和报应之目的，能够不用刑罚就尽量不用刑罚，而用非刑罚处置措施予以替代。事实上，因为未成年人心智尚未发育成熟，对外界的刺激反应敏感而脆弱，刑罚适应能力低于成年人，所以对于大多数未成年犯罪人，适用非刑罚处置措

① 陈兴良著：《本体刑法学》，商务印书馆 2003 年版，第 76 页。
② ［日］平龙野一著：《刑法总论》，有斐阁 1972 年版，第 44 页。

施已经足够惩罚他们了，而且同样也能起到预防作用。这样就可以节约司法成本，体现了刑法的谦抑性。

(五) 国际立法潮流和相关规定

联合国在充分考虑未成年人犯罪的特殊性、吸取世界上多数国家少年司法有益经验的基础上，于1984年11月制定了《联合国少年司法最低限度标准规则》，该规则对未成年人犯罪非刑罚处遇措施作了指导性的规定。其第18.1条明确要求："应使主管当局可以采用各种各样的处理措施，使其具有灵活性，从而最大限度地避免监禁。有些可以结合起来使用的这类措施包括：(a) 照管、监护和监督的裁决；(b) 缓刑：(c) 社区服务的裁决；(d) 罚款、补偿和赔偿：(e) 中间待遇和其他待遇的裁决；(f) 参加集体辅导和类似活动的裁决；(g) 有关寄养、生活区或其他教育设施的裁决；(h) 其他有关裁决。"《联合国少年司法最低限度标准规则》制定以后，现代世界各国大多将其作为制定未成年人犯罪制裁体系的重要指南。我国也是《联合国少年司法最低限度标准规则》的缔约国，自然也应当完善有关立法，以符合该公约的原则和精神。

二、立法方式

虽然我国关于未成年人犯罪方面的立法，已出台了《未成年人保护法》、《预防未成年人犯罪法》等重要法律法规及相关部门的规范性文件，但应该看到，我国这方面的法制建设仍不完善，立法混乱、零散，许多具体问题都没有统一的规定，尤其是未成年人犯罪制裁体系问题，这些立法更是鲜有涉及。因此，要构建未成年人犯罪制裁体系，并使其在立法上能得到体现，制度上得到保障，首先需要对现有体制的全面改革和进行相应立法活动，建立既有分工又有密切协作的有机统一的体系制度。具体的立法方式可为：

第一，制定《未成年人犯罪处置法》，它集组织法、程序法和实体法为一体，应主要包括以下内容：(1) 该法的适用范围。(2) 少年法院的组织。包括少年法院的地位、内部组织和管理制度等。(3) 未成年人案件的调查及审理程序。规定调查手续、调查任务，审判组织、审判程序，也包括将应受刑罚处罚的犯罪案件移送检察院的程序等。(4) 未成年人犯罪的处置原则。(5) 未成年人犯罪的制裁体系，包括刑罚体系和非刑罚处置措施体系两方面。(6) 刑罚和非刑罚处置措施的执行，如规定执行程序、执行机构和执行人员的职责等。(7) 其他。

第二，以《未成年人保护法》、《预防未成年人犯罪法》和《未成年人犯罪处置法》为指导，制定辅助法规，以构成教育保护未成年人法律的配套立法，如《工读教育法》、《收容教养法》等。这些立法将进一步明确各自的管辖对象、实施方法和管理制度等，使整个体系形成一个既复杂又有鲜明层次的有机整体。

第二节　我国未成年人犯罪刑罚体系的构建

惩罚性和严厉性是刑罚基本的天然属性。正是这种属性，在社会心理和个人心理上造成了威慑和恐怖的效应，而达成人们远罪避害的心理和行为定向，使潜在的犯罪人打消犯罪意图，并预防犯罪的发生。但是，犯罪行为的存在表明刑罚并非“威力无穷”，而且对于不同的个体而言，其效力也是不一样的。因此，如何科学地建立适合未成年人自身特点的刑罚体系和刑罚制度，是有效地预防和控制未成年人犯罪的极其重要的因素之一。我国目前现有的刑罚体系对成年人犯罪是可以全部适用的，但是对未成年人犯罪则应有所修正。科学地建立我国未成年人犯罪刑罚体系，应当包括以下内容：

一、刑罚适用的对象

根据“非刑罚处置措施优先于刑罚”的指导理念，对于未成年人犯罪，应当尽量避免适用刑罚，但是也不是所有的未成年人犯罪都应当只适用非刑罚处置措施。那么，在什么情况下才应当对未成年人犯罪适用刑罚呢？这方面可以借鉴日本少年司法的某些经验。日本的《少年法》就采取家庭法院优先决定原则和保护处分优先主义，即对少年犯罪案件是给予保护处分，还是给予刑事处罚，家庭法院有优先决定权，而家庭法院应当首先考虑保护处分措施，只有根据“不适保护”和“不能保护”这两个标准判断刑事处分具有适当性时，才可将案件回送检察官，交付刑事审判，并处以刑罚。[①] 在实务中，受刑事处分的案件多数是以下两类：一是重大犯罪、情节严重（杀人等严重犯罪）；二是处以罚金刑的案件（违反道路交通法犯罪和业务上过失伤害罪等）。前者根据犯罪性质、情节的严重性，被害人的感情、社会的感情等因素，不应当给予保护处分时，刑事处分优先；后者是允许保护处分，但从处理案件的有效性来看，应当选择刑事处分。据统计，日本1995年向检察官移送案件（即可以刑罚的案件）只占一般保护案件的0.7%，占全部案件的4.3%。[②] 结合我国的国情，只有在以下两类情形下，才可以对我国未成年人犯罪适用刑罚：

---

① ［日］獭川晃：《少年犯罪的现状与对策》，载［日］西原春夫主编：《日本刑事法的重要问题》（第二卷），法律出版社2000年版，第194页。

② ［日］田口守一：《少年审判》，载［日］西原春夫主编：《日本刑事法的重要问题》（第二卷），法律出版社2000年版，第176页。

第一，情节严重的重大犯罪。这取决于以下两个方面的因素：一方面是犯罪的社会危害性程度，即犯罪对刑法所保护的法益造成或可能造成损害的程度。衡量犯罪的社会危害性程度是否严重，主要是综合考虑以下三个因素：一是犯罪所侵犯的法益，包括侵犯法益的性质、法益个数、法益价值大小等；二是犯罪的手段、危害后果以及犯罪的时间、地点；三是行为人的主观方面，包括故意、过失、犯罪目的。另一方面是犯罪的人身危险性程度，即犯罪人再犯罪的可能性大小。犯罪人的人身危险性程度大小应该是以下这些因素的综合评价：包括是偶犯还是累犯、犯罪的次数、犯罪前的动机、犯罪后对自己所犯罪行的态度、犯罪人的一贯表现等。因此，能否对未成年犯罪人适用刑罚，需要综合评价该未成年犯罪人的社会危害性程度和人身危险性程度。如果将这两方面因素加以量化的话，可以3年为限，即按照成年人的量刑标准，可能被判处3年以上有期徒刑的犯罪，都可以认为是情节严重的重大犯罪，可以予以适用刑罚。

第二，需处以罚金刑的案件。罚金刑是人民法院判处犯罪分子向国家缴纳一定数额金钱的刑罚方法，作为一种较轻缓的刑罚手段，其适用对象主要有三类：经济犯罪；以营利、贪财为目的的犯罪；其他犯罪较轻、危害较小的犯罪。在司法实践中，未成年人犯罪的主要类型为以贪财为目的的侵犯财产罪。据某市人民法院统计，1998年1月到2000年5月，该院依法判处未成年罪犯66名，其中犯抢劫、盗窃、诈骗罪的共计42名。[①] 因此，对于这类贪利型犯罪，即使非常轻微，也可以适用罚金这种轻缓的刑罚类型。

① 彭武军：《未成年犯能否适用财产刑》，载《人民法院报》2002年3月4日理论专版。

二、刑罚种类及其适用

由于未成年人自身的特点和刑罚种类各自的特性，我国现有刑罚体系中的9类刑种并不是全都可以适用于未成年犯罪人。

（一）对未成年人犯罪不宜适用的刑种

1. 死刑

这是我国刑法明文规定的，也是我国对死刑和未成年人犯罪的立法思想的综合要求。根据未成年人责任能力不完备的特点和刑罚目的的要求，我国刑法坚持对未成年犯罪人不适用死刑的原则。由于现代绝大多数国家刑法中，都有对未成年人犯罪不适用死刑的规定。这是一项合理的、进步的制度。我国关于对未成年犯罪人不适用死刑的立法，无疑也是借鉴了现代世界刑法中的有关通例，可以说这种规定是现代刑法的共同要求。

2. 无期徒刑

对于未成年犯罪人适用无期徒刑的问题，我国刑法未作出禁止和限制性规定。其立法原因在于，有的未成年人犯罪性质和危害极其严重，仅允许对其最高适用有期徒刑，不足以有效地实现刑罚的目的，安抚被害人的情绪。此外，我国法律在刑罚的执行中规定了减刑、假释等制度，被判处无期徒刑的罪犯，真正终身服刑的极少，绝大多数罪犯经过服刑改造，得到了减刑或假释等。这样，对犯罪极为严重、主观恶性很深的未成年犯罪人依法适用无期徒刑，又经过服刑的改造而对其减为有期徒刑或予以假释，就兼顾了有效地保卫社会利益或教育、挽救未成年犯罪人的综合需要。因此，从现有立法上来说对未成年人犯罪适用无期徒刑并没有明文限制。但将来的立法上应该明文规定对未成年人犯罪不适用或者严格限制适用无期徒刑。因为，无期徒刑其终身剥夺人身自由的特点决定其严厉性仅次于死刑，犯罪人所受到的剥夺性痛苦的无期性甚至超过死刑犯所承受的痛苦。将如此严厉的刑种适用于未成年人，直接与我国现行的“对犯罪的未成年人追究刑事责任，实行教育、感化、挽救方针，坚持教育为主、惩罚为辅的原则”相悖。

3. 剥夺政治权利

剥夺政治权利是剥夺犯罪分子参加国家管理和政治活动权利的刑罚方法。我国《刑法》第五十四条规定了剥夺政治权利的内容，具体是：（1）选举权与被选举权；（2）言论、出版、集会、结社、游行、示威自由的权利；（3）担任国家机关职务的权利；（4）担任国有公司、企业、事业单位和人民团体领导职务的权利。上述权利，除第（2）项权利以外，可以说未成年人并不具备，所以无所谓“剥夺”的问题。同时，未成年人犯罪主体可塑性大，未来的路还很漫长，无论是作为附加刑的剥夺政治权利还是独立适用的剥夺政治权利，对未成年人在主刑执行完毕或者赦免以后的复学、升学和就业都不利。因此，对未成年人犯罪应当坚持“教育为主、处罚为辅”的原则，不应对未成年人犯罪主体适用政治否定的刑罚。

4. 没收财产

没收财产是把犯罪分子个人所有财产的部分或全部强制无偿收归国有的刑罚方法。对罪犯本人而言，刑罚的目的只能是特殊预防，没收财产的目的是剥夺犯罪分子继续犯罪的经济能力。虽然根据法律规定，16 周岁以上的未成年人可以参加工作并获得收入，但实际收入不会太多，适用没收财产没有实际意义，还不如适用罚金更有威慑力。因此，对未成年人犯罪主体不宜适用没收财产。

（二）对未成年人犯罪可以适用的刑种

1. 拘役

拘役是短期剥夺犯罪分子的人身自由，就近实行教育改造的刑罚方法。其特点是：刑期短（1个月至6个月，数罪并罚也不超过1年）；就近服刑，而且服刑期间还享有回家探亲和发给适当报酬的待遇。它适用于罪行较轻但仍需短期关押改造的犯罪分子。对犯有较轻罪行的未成年人适用拘役，也是一个较好的选择。对未成年犯适用拘役的，应当与成年犯分别关押，以避免交叉感染。

2. 有期徒刑

有期徒刑是剥夺犯罪分子一定期限的人身自由，实行强制劳动和教育改造的刑罚方法。有期徒刑是我国刑法中适用范围最广泛的一种刑罚。其特点是：幅度大（6个月至15年，数罪并罚时不超过25年）、适用面宽（既可适用于较重的犯罪，又可适用于较轻的犯罪），便于法院根据不同的犯罪性质、情节和社会危害程度，对犯罪分子判处不同期限的徒刑。对未成年人犯罪适用有期徒刑时应当注意以下几点：（1）对已满14周岁不满18周岁的未成年犯，被判处有期徒刑的，应当在未成年犯管教所执行刑罚。在服刑期间，未成年犯年满18周岁时，剩余刑期不超过2年的，仍应留在未成年犯管教所执行剩余刑期。（2）对未成年犯执行刑罚应当以教育改造为主。未成年犯的劳动，应当符合未成年人的特点，以学习文化和生产技能为主。未成年犯管教所应当配合国家、社会、学校等教育机构，为未成年犯接受义务教育提供必要的条件。（3）有期徒刑是一种监禁刑罚，由于未成年犯易发生“交叉感染”的问题，同时，长期监禁易造成未成年犯对社会生活的不适应性，会对其就学、就业、生活等方面造成不良影响。因此，对未成年犯可以适用非刑罚处置措施的，尽量不适用有期徒刑。同时，把未成年人投入监禁机关始终应是万不得已的处理办法，其期限应是尽可能最短的必要时间。德国法律规定，对未成年犯适用的有期徒刑最高期限要低于成年犯，成年犯最高期限是15年，未成年犯不能超过10年。我国也可以借鉴这一规定，对未成年人犯罪适用有期徒刑时，最高期限不能超过一定年限（该年限低于成年人）。(4）在具体量刑时，应当体现对未成年犯的特殊保护原则，未成年犯与成年犯在同等条件下量刑要有一个基准差距。这方面可以借鉴北京市海淀区人民法院的做法：总体上对已满14周岁不满16周岁的未成年人犯罪的刑罚，比照成年人犯罪裁量其刑罚的一半。对已满16周岁不满18周岁的未成年犯，比照成年人裁量其刑罚的2/3。在具体个案量刑时，以这一原则为基础，同时考虑案件的自身特点和关系到量刑的其他情节，综合分析，恰当裁量其刑。对未成年犯罪人能不动用刑罚就不必判刑；必须判刑的，能不收监就不收监，尽量判处非监禁刑，如缓刑、免予刑事处分等。①

3. 罚金

罚金是判处犯罪分子向国家缴纳一定数额金钱的刑罚方法，是附加刑中最轻的刑种。其特点是：对追求不法经济利益的犯罪分子判处罚金，既能起到更现实的惩罚与教育作用，又可以从经济上剥夺其继续进行犯罪活动的物质条件，预防其再次犯罪。罚金在刑法分则中的适用范围较为广泛。对未成年人是否能适用罚金，在刑法理论中存在不同的观点。② 但对未成年人犯罪适用罚金，还是有其合理和积极的因素。理由如下：（1）部分已满16周岁不满18周岁的未成年犯罪人，犯罪时已经有工作并有固定的收入，对这一部分人当然可以适用罚金；（2）部分已满14周

① 尚秀云、温小洁：《让每个孩子都拥有美好的明天》，载《人民法院报》2003年5月30日第8版。

② 杜雪明：《对未成年犯适用罚金刑的限制》，载《人民法院报》2001年4月3日；赵小峰：《对未成年被告人能否适用罚金刑》，载《检察日报》2000年9月21日。

岁不满18周岁的未成年犯罪人，在犯罪时没有工作和固定的收入，对这一部分人也可以适用罚金。诚然，被判处的罚金只能是未成年犯罪人的父母或者法定监护人代为缴纳了，但不能认为是“变相株连”，这是因为未成年犯罪人的父母或者法定监护人没有履行好对未成年子女的管教责任。（3）人民法院对未成年人犯罪单处或者选处罚金，而不再对其判处自由刑，从而避免了未成年犯在监管场所可能受到的“交叉感染”，而且父母也会因经济上的损失而更加严厉管教未成年人。

2000年12月19日施行的最高人民法院《关于适用财产刑若干问题的规定》关于“对未成年人犯罪应当从轻或者减轻判处罚金，但罚金的最低数额不能少于五百元”的规定表明了最高司法机关对未成年犯罪人适用罚金刑的态度。而且在司法界，对未成年人判处罚金刑也是既受欢迎，又很实用的。

（三）对未成年人犯罪适用的特殊刑罚制度

1. 从宽处罚制度和不适用死刑制度

这两项制度我国现行刑法已经作了具体规定，上文已述及，此处不再赘述。

2. 可以采用相对不定期刑制度

不定期刑，一般是指裁判时对犯罪人宣告不确定的自由刑刑期，根据行为人在行刑中的改善程度而决定自由刑之终期的一种制度。不定期刑是以特别预防，即教育刑思想为基础的。这种思想认为，对犯罪人判处多长刑期的自由刑才能消除其危险性，在判决宣告的当时是无法确定的。因此，应在事后参照行刑经过和改造效果的有无来确定刑期。其中，在裁量时完全不确定刑期的情况为绝对不定期刑，而仅宣告刑期的上限和下限或者其中之一的情况为相对不定期刑。绝对不定期刑会产生刑期不确定的后果，违反了罪刑法定主义的精神。

因此，在理论和实践中，集中讨论的主要是相对不定期刑（以下简称不定期刑）。不定期刑思想在欧洲本已存在，后由近代学派加以理论化。但作为制度则是在美国发展起来的，其肇始于美国1796年的密歇根州的《三年法》，该法规定对妓女可以判处3年以下的不定期拘禁。1869年美国纽约州爱米拉教养院在监狱长布罗克伟的领导下，开始采用不定期刑，适用对象是16岁到30岁以下的青少年犯。此后，不定期刑被各州所采用，并以所谓的“改造模式”为基础，由1946年《少年法》推广到全美国，纽约等38个州的刑法以及联邦刑法对成年人也规定了不定期刑。① 世界上其他一些国家也相继在立法上有限制地采用不定期刑制度，如英国1908年的《犯罪预防法》、日本1922年的《少年法》、澳大利亚1928年的《少年法》、联邦德国1974年的《少年法》。此外，还有意大利、芬兰、瑞典、挪威、希腊、苏联等一些国家，不定期刑的适用对象和范围不断扩大。但是，从20世纪60年代后半期开始，随着改造刑思想的衰落和报应刑思想的抬头，以及人们对适用不定期刑过程中表现出的收容长期化和刑期不平等的批判，以美国为代表在全世界范围内展开了一场废除不定期刑的运动。1975年，美国联邦矫正局公开承认放弃改造模式，缅因州率先废除不定期刑制度。之后，加利福尼亚州、印第安纳州、伊利诺伊州等都废除了不定期刑，而颁布了各自的定期刑法令。在其他国家，如丹麦也随之废除了不定期刑制度的普遍适用。不定期刑在刑罚体系中的影响日益减少。现在，即使是采用不定期刑的国家，其适用对象也仅限于少年犯和累犯两种场合。例如，日本《修正刑法草案》第五十八条规定，

① ［日］大谷实著：《刑事政策学》，黎宏译，法律出版社2000年版，第127页。

对常习累犯可以宣告不定期刑；日本《少年法》也规定，在应当判处3年的有期徒刑的监禁时，在下限不超过5年，上限不超过10年的范围内判处不定期刑。而世界其他大多数国家，由于深受古典学派的罪刑法定原则的局限，大都将具有不定期的拘禁性质的刑罚惩罚措施以保安处分的形式规定在保安处分制度之中。上述现象也说明，不定期刑制度是存在一定的价值和合理性的。在刑法理论上，主张废除不定期刑的理由主要集中在以下几点：（1）不定期刑违背罪刑法定主义原则，宣告刑与执行不确定，从而使罪与刑失去平衡，不利于保障公民的自由。（2）不定期刑局限在自由刑的范围，对应处死刑的重罪和应处罚金刑的轻刑不能适用，使刑制不统一。（3）不定期刑何时释放没有定期，对受刑人过于苛刻，而受刑人在监内表现好坏不易确定，它有可能使假装积极的重刑犯在很快的时间内得以释放，从而再次危害社会。（4）不定期刑使立法、司法、行政各机关的权限混淆不清。执行机关可以不尊重刑法的精神，任意延长和缩短刑期，不但侵害了法官的权限与威信，也侵害了立法机关权限，等于行政机关可以立法。（5）在自由裁量方面，量刑轻重悬殊不均。在不定期刑适用中，刑期的长短要根据按需分配的原则，法官或行刑机构拥有较大的自由裁量权，法官或行刑机构若能恰当利用这一特点，则可能产生积极的效果，反之，则可能产生量刑和行刑的悬殊不均。（6）在犯罪危险的预测方面，错误大量存在。在不定期刑适用过程中，对罪犯的犯罪危险性能否准确预测是决定其适用成败的关键因素之一。一般认为，至少在以下两种场合需要对犯罪人的再犯可能性进行判断与预测。一是在不定期刑宣判之时。二是在决定对不定期刑解除之时。如果在上述场合不能正确确定犯罪人的再犯可能性，就可能出现刑罚适用的偏颇。[①] 上述各项理由虽然不能说全部贴切，但大体上是有道理的，适用不定期刑的确会存在很多问题，尤其是当行政机关（即执行机关）由于不当裁量而差别性地适用不定期刑或者使不定期刑成为超出责任范围的长期拘禁的工具时，便会产生严重的侵犯人权问题。理想化的不定期刑是非常完美的，其目的是实现刑罚个别化，彻底改造犯罪人和保卫社会。而要如此精确地适用刑罚，则需要完美的人性和制度作前提。但是，人性固有的弱点会使不好操控的不定期刑漏洞百出，设计再健全的制度对不定期刑的固有缺憾也只能是无能为力的。因此，对于不定期刑，应当予以慎用，不宜大范围适用。不定期刑若是在小范围内适用得当，也会发挥其独特的作用，使其利大于弊。这个小范围就是：仅将不定期刑适用于未成年人犯罪。恰当地将不定期刑适用于未成年人犯罪，具有以下合理性：

（1）对未成年人犯罪适用不定期刑和罪刑法定原则不矛盾。罪刑法定原则从产生之日起发展演变到今天，已经经历了几百年的历史，随着社会和法律制度的内在变迁，罪刑法定原则从过去所提倡的绝对的罪刑法定转变到现在普遍采用的相对的罪刑法定。而相对的罪刑法定原则，允许采用相对的不定期刑。[②] 我国台湾地区学者林纪东先生就曾指出："18、19 世纪，是个人主义时代，以个人主义、自由主义、权力分立主义为中心，故在刑法方面，实行罪刑法定和定期刑制度。而 20 世纪，则是团体主义时代，以团体主义、干涉主义、诸权协力主义为中心，公益重于私益，秩序重于自由，国家各种机关之间积极合作重于消极牵

① 段宝平：《不定期刑探讨》，载《中国刑事法杂志》2001 年第 4 期。
② 赵秉志主编；《新刑法教程》，中国人民大学出版社 1997 年版，第 51 页。

制，故在刑法方面，以机动的罪刑法定主义代替机械的罪刑法定主义，不定期刑也跟着崛起。”①

（2）对未成年人犯罪适用不定期刑，使犯罪人行刑的终期建立在犯罪人行刑的成绩之上，犯罪人何时出狱，完全根据犯罪人的悔改表现而定。在法律规定范围内半年教育改造好，半年获得释放；1 年改造好，1 年获得释放；5 年尚未收到教育改造效果，5 年不得释放。把自由刑执行期限的长短的关键操纵于犯罪人自己手中，较之以前定期自由刑制度下机械的执行模式而具有机动性，也促使犯罪人更加积极主动地改造，早日实现刑罚的目的。

（3）从未成年犯罪人的人格来看，一般认为，考虑到少年犯的犯罪人格具有可塑性，对未成年犯罪人原则上应采用保护处分优先主义，而在判处不定期刑的场合，法院可以根据犯罪人的刑事责任大小，规定一个行刑的上限，同时规定一个适当的下限，这样就可以促使未成年犯罪人满怀希望地进行改造，争取早日释放，以避免因长期的羁押而带来的对社会生活的不适应。因此，对未成年人适用不定期刑，符合我国对未成年人犯罪应当实行教育、感化、挽救的方针和教育为主、惩罚为辅的原则。

那么，在对未成年人犯罪判处不定期刑时，该以什么基准来确定不定期刑的上限和下限呢？在日本刑法理论中，对于未成年人适用不定期刑的宣判标准，主要有三种观点：一是下限说，认为对少年犯罪判处不定期刑时，其刑罚的下限是责任刑（即根据犯罪人的刑事责任大小所应判处的刑罚），而上限则根据特别预防的需要来决定；二是上限说，认为根据少年的责任，规定对

① 林纪东著：《刑事政策学》，“国立”编译馆出版、正中书局印行 1969 年版，第 230 页。

其宣告刑的上限，同时规定适当的宣告刑的下限；[①] 三是中间说，认为从特别预防的考虑出发，刑罚的上限和下限两方面都要有一定的幅度。[②] 这三种观点中，下限说是最严厉的，明显是以预防为目的的预防刑，如果犯罪人在执行其责任刑期（下限）后仍然没有彻底改造自新，则需要继续监禁，直到其彻底改造自新或者上限期满，不定期刑的司法滥用、侵犯人权的问题也是由此而生的。显然，对未成年人如此严厉的适用不定期刑，极度不妥。中间说所主张的幅度，该遵循一个什么样的合理标准，是个很不好解决的问题，而且同时也会存在像下限说一样的侵犯人权的问题，只是程度略轻。所以对于应予特别保护的未成年犯罪人，也不太妥当。上限说是最人性化的，采用上限说，最长只能执行其责任刑，不会存在行政机关擅自超期监禁、侵犯人权的问题，而且犯罪人如果改造得好，还可以提前获释，这不仅有助于鼓励犯罪人自新向善，而且有助于监狱的管理。虽然这有可能会有放纵犯罪之嫌，但是对于未成年犯罪人，刑罚趋于宽容也未尝不可。

在我国未成年人犯罪制裁体系中构建不定期刑制度，需要确定以下几点：在应当处以 3 年以上有期徒刑时，应当在下限不超过 5 年、上限不超过 10 年的范围内判处不定期刑；应当判处 3 年以下有期徒刑时，只能判处定期刑；如果宣告缓刑，则不宣告不定期刑；经过不定期刑的下限，并经过上限的 1/3 时，可以被假释。

同时，需要指出的是，不定期刑如同其他刑罚制度一样，不

---

① ［日］大谷实著：《刑事政策学》，黎宏译，法律出版社 2000 年版，第 127 页。

② ［日］小林充：《少年不定期刑的宣判基准》，载《家裁月报》1973 年第 25 卷 12 号，第 1 页。

可能单独发挥预期的功能，其理想功能的发挥有赖于一系列辅助制度的建立，如开放式的犯罪处遇制度、行刑累进制度、自由裁量制度、犯罪人的人格分析制度等。首先，应当建立完善的行刑累进制。行刑累进制，是指把刑期划分成几个阶段，根据犯罪人的悔改程度，而逐渐放松对其自由的束缚，使罪犯逐渐适应社会中的生活。其次，要与假释制度紧密配合。不定期刑的主要目的就是彻底改造罪犯，消除其对社会的危害性，如果罪犯在不定期刑的下限以下已经得到彻底改造，就要让他及时出狱，因此应当与假释制度紧密相配合。再次，采用刑务委员会制度。实行不定期刑制度，把法院的一部分权力交给监狱机关，为了限制监狱机关的权力和主观擅断，就有必要成立刑务委员会，由各相关专业人员来共同审查罪犯是否可以释放出狱。最后，也是最关键的，就是要建立和完善犯罪人的人格分析制度，这样就可以对犯罪人采取有针对性的教育措施。关于犯罪人的人格分析，现代各国大都采用定量分析和定性分析两种形式。鉴于我国目前犯罪学的发展水平，在对犯罪人的人格进行定量分析的同时，必须重视定性方法的使用，而在定性方法使用的过程中，必须综合考虑犯罪人的以下因素：犯罪人所实施犯罪的性质；犯罪人在犯罪中的表现；犯罪人的主观罪过；犯罪人实施犯罪的目的和动机；犯罪人的犯罪记录；犯罪人的犯罪原因；犯罪人在共同犯罪中的身份；犯罪人犯罪后的表现；犯罪人在刑事诉讼中的表现；犯罪人实施犯罪的时间、地点以及犯罪对象；犯罪人所处的社会环境、犯罪人的生活经历等。

3．尽量适用缓刑制度

缓刑作为国家抗制犯罪的重要刑事政策，被认为是除了刑罚、保安处分两个抗制犯罪支柱外的第三个支柱，是“特种的刑罚手段”。[1] 它具有避免短期自由刑“交叉感染”的弊端，有利于促进罪犯改恶从善与再社会化，以及减少国家经济支出等价值。对未成年人犯罪扩大缓刑的适用业已成为国际社会的普遍倾向，“北京规则”更是将缓刑重点列为对未成年人犯罪推荐使用的替代监禁措施。《刑法修正案（八）》也对未成年人适用缓刑进行了特殊规定。其原因主要在于，适用缓刑对于未成年人生活的改变、冲击最小。在缓刑考验期间，未成年人能够继续学习、工作，从而为其正常生活并矫正不良习惯提供良好环境。

4. 建立前科消灭制度

前科消灭制度是当今世界上许多国家对未成年犯罪人广为采用的一种制度。我国在《刑法修正案（八）》第十九条规定：在刑法第一百条中增加一款作为第二款：“犯罪的时候不满十八周岁被判处五年有期徒刑以下刑罚的人，免除前款规定的报告义务。”这一款用立法的形式免除了部分未成年人刑事前科报告义务，为将来我国进一步确立刑事前科消灭制度起了开端的作用。

第三节 我国未成年人犯罪非刑罚体系的构建

和成年人犯罪制裁体系不同，在未成年人犯罪制裁体系中非刑罚处置措施占有极其重要的位置。因此，如何合理的构建我国未成年人犯罪非刑罚处置措施体系，具有深远的现实和理论意义。为了更有利于对未成年犯的教育、感化、挽救，帮助其重返社会，有必要从我国未成年人犯罪的司法实际出发，建立一套完整而有效的适用于未成年人犯罪的非刑罚处置措施体系。

① 林山田著：《刑罚学》，台湾商务印务馆 1983 年版，第 207 页。

一、非刑罚处置措施适用对象

未成年犯罪人具备以下几个条件应当单独适用非刑罚处置措施：

第一，未成年人具有刑事责任能力，实施了犯罪行为。非刑罚处置措施也是刑事责任的具体实现形式，其适用的前提必须是未成年人具有刑事责任能力，行为构成了犯罪，有刑事责任存在。如果不构成犯罪，则只能适用行政措施等，而不能适用非刑罚处置措施。

第二，犯罪情节较轻，不需要判处刑罚。犯罪情节是否较轻，由法院根据主客观各种情况综合考察。按照成年人的量刑标准，可能被判处低于3年的有期徒刑的犯罪，都可以认为是犯罪情节较轻，可以适用非刑罚处置措施。一般而言，可以包括以下几类：（1）构成犯罪，但法院认为可以免予刑事处罚的；（2）构成犯罪，虽有一定的暴力，但犯罪次数较少，法院出于少年司法工作改革探索决定暂缓判决的；（3）构成犯罪，但属于非暴力或偶发犯罪，主观恶性不大，且一贯表现较好的；（4）初次犯罪，以往没有受到过行政处罚的；（5）以单纯的经济为犯罪目的，但已赔偿，本案没有损失的；等等。

当然，如果未成年犯罪人被判处缓刑，能更有效地改造和教育未成年犯罪人，可以对其同时配套适用某种非刑罚处置措施。在这种情况下可以不受上述条件限制。

二、非刑罚处理措施种类设置及适用

随着我国未成年人犯罪类型和数量的不断增加，我国现行刑法规定的非刑罚处置措施由于过于单一片面，未能形成体系。实际中对未成年人违法犯罪适用较频繁的一系列行政制裁措施又游离于刑法之外。因此，为了满足司法实践中处理纷繁复杂的未成年人犯罪案件的需要，有必要对所有现有的适用于未成年人犯罪的非刑罚措施和行政措施予整合、规范和重构，建立一套多层次、多样化、科学的未成年人犯罪非刑罚处置措施体系。

(一) 完善我国未成年人犯罪非刑罚处置措施的现有种类

我国刑法规定的现有的可以适用于未成年人犯罪的非刑罚处置措施主要是以下几种：训诫、责令具结悔过、赔礼道歉、赔偿损失、建议主管部门予以行政处罚或者行政处分、责令父母或监护人严加管教、收容教养。由于以上措施存在诸多不科学的地方，需要加以完善，才能收到较好的成效。

1. 将训诫、责令具结悔过、赔礼道歉这三种措施合为一种

由于这三种措施内容较为相似，性质上存在重合之处，在处理未成年人犯罪案件的实践中三种措施往往可以并用，因此没必要将它们独成种类，而可以将其合成一种：司法警告，即由人民法院对未成年犯罪人予以警告，加以批评和教育，并可以要求其用书面方式作出悔改保证，如果有被害人，还应当责令未成年犯罪人向被害人承认错误，表示歉意。这是非刑罚处置措施体系中最轻微的处置方式。

2. 完善收容教养措施

(1) 为了解决收容教养工作上的混乱，应当对关于收容教养方面的规范性文件进行梳理，然后在此基础上通过立法，在刑法中对收容教养作出统一规定。

1979 年《刑法》对收容教养问题只作了原则规定，公安部从便于实际执行出发，就收容教养如何具体应用问题，于 1982 年制发了公安部《关于少年犯管教所收押、收容范围的通知》，对收容教养的期限、审批机关、执行场所等重大问题作了明确规定。1993 年《未成年人保护法》颁布施行后不久，公安部又制

发了公安部《关于对不满十四周岁的少年犯罪人员收容教养问题的通知》，重申了对不满 14 周岁的犯罪少年适用收容教养的问题。1983 年，收容教养场所的管理连同劳动教养场所的管理工作一并划归司法行政机关承担后，司法部于 1986 年颁布了《少年管教所暂行管理办法（试行)》，将被收容教养人员在少年管教所单独编队进行教育改造。1996 年，司法部印发通知决定将被收容教养人员从少年管教所移至劳动教养场所进行教育改造。应当说，在当时的历史条件下，公安部和司法部根据实际工作的需要，制发这些规范性文件，对收容教养的有关问题进行解释，弥补了法律规定的不足，是适当的，也起到了应有的作用。

但是，《立法法》第八条第（五）项规定，“限制人身自由的强制措施和处罚”只能制定法律。也就是说，只有全国人大及其常委会制定的法律才能规定“限制人身自由的强制措施和处罚”。收容教养属于“限制公民人身自由的强制措施”，只有全国人大及其常委会制定的法律才能对收容教养的一些重大问题作出规定，包括收容教养制度的建立，收容教养的适用对象、适用条件、期限、决定机关、执行机关等重大问题。公安部和司法部制定的规范性文件，其效力等级只是部门规章，因此公安部和司法部在特定历史条件下制定关于收容教养方面的规范性文件，到现在已经有些不合时宜，与我国《立法法》相背离，应当将其相关规定上升为法律形式。

（2）收容教养的决定机关和执行机关不应当合而为一，而应当由法院来行使决定权，由公安机关行使执行权

学界一直对收容教养的法律性质存在理论聚讼，主要有“行政处罚说”、“刑事强制措施说”和“刑事处罚说”三种观

点。[①] 之所以会产生分歧，最根本的问题在于根据我国法律的规定，收容教养的适用主体是公安机关，而不是法院，法院只是建议机关。但是，根据《刑法》第十七条第四款规定："因不满十六周岁不予刑事处罚的，责令他的家长或者监护人加以管教；在必要的时候，也可以由政府收容教养。"由此可见，对未成年人犯罪不予刑事处罚是决定收容教养的前提条件。根据《刑事诉讼法》第十二条"未经人民法院依法判决，对任何人都不得确定有罪"的规定，对任何人确定有罪，都应当由人民法院审判后决定，而确定有罪又是给予刑事处罚的前提。所以，对未成年犯罪人是否给予刑事处罚，应当由人民法院审判后决定，而不能由人民政府或公安机关直接作出决定。既然人民政府或公安机关不能决定对未成年犯罪人是否给予刑事处罚，那么也不能直接决定是否予以收容教养。对于同一犯罪少年，先由人民法院审判后作出不予刑事处罚的判决，后由人民政府或公安机关作出收容教养决定，这显然不符合诉讼经济原则，不利于节约有限的司法资源。而且，"一事二决"也会给犯罪少年造成讼累，不利于保护其合法权益。为了加强对未成年人的保护，将收容教养纳入司法审判程序，是实现依法治国的必由之路。因此，对不满16周岁的未成年犯罪人，应当根据刑法和刑事诉讼法的规定，由公安机关侦查终结后直接移送人民法院审判，人民法院应当在判决不予刑事处罚的同时作出收容教养决定，交政府管理的收容教养场所执行。

（3）明确规定收容教养制度的基本原则

具体应当包括：一是法定原则，即对什么人在什么样的条件下，依照何种程序适用多长时间的收容教养。此原则是收容教养

① 王晨著：《刑事责任的一般理论》，武汉大学出版社1999年版，第439页。

制度作为现代刑法灵魂的罪刑法定原则的延伸，具有限制国家运用收容教养的权力、防止收容教养被滥用、保障未成年人人权的机能。二是必要原则，即收容教养只为教育、挽救犯罪少年和预防犯罪所必需时，才能适用，如果能够采用其他方法对犯罪少年进行管教，就不应适用收容教养。三是适当原则，即对犯罪少年适用收容教养的期限，必须与其所犯罪行、应承担的法律责任和人身危险性的大小相适应。四是教育为主的原则，即对被收容教养人员必须始终贯彻“教育、感化、挽救”的方针，以教育、保护为主，以惩戒为辅，坚持思想教育与文化知识、法律知识、职业技术教育相结合。

（4）明确规定收容教养的适用对象

公安部《关于对不满十四岁的少年犯罪人员收容教养问题的通知》规定，收容教养的适用对象既包括已满 14 周岁不满 16 周岁犯罪，应负刑事责任但不予刑事处罚的人，也包括不满 14 周岁实施了刑法规定的几种特定的严重犯罪行为，但不负刑事责任的人。但是，该规定没有明确收容教养对象的年龄下限，而且与 1997 年新刑法的规定不太协调。因此，在对收容教养进行立法时，有必要明确其适用对象。

收容教养适用对象的年龄范围以已满 12 周岁不满 16 周岁为宜。其应当包括以下三类人：一是已满 14 周岁不满 16 周岁，犯故意杀人、故意伤害致人重伤或死亡、强奸、抢劫、贩卖毒品、放火、爆炸、投放危险物质罪，应当负刑事责任，但因犯罪情节轻微，人民检察院不起诉或者人民法院免予刑事处罚的；二是已满 14 周岁不满 16 周岁，实施故意杀人、故意伤害致人重伤或死亡、强奸、抢劫、贩卖毒品、放火、爆炸、投放危险物质罪以外的其他故意犯罪行为，情节或者后果特别严重的；三是已满 12 周岁不满 14 周岁，实施故意杀人、故意伤害致人重伤或死亡、强奸、抢劫、贩卖毒品、放火、爆炸、投放危险物质犯罪的。对不满12周岁的少年儿童，不论实施了何种犯罪行为，均不得决定收容教养，但是应当责令其父母或者其他监护人加以管教。

（5）改革收容教养的执行方式

目前，收容教养的执行情况比较混乱，各地方的差异很大。有的地方将收容教养人员送进工读学校进行教育，由国家的教育机关来执行；少数地方将收容教养人员送进收容所进行收容，由国家的民政机关来执行收容教养，这种办法虽然达到了收容的目的，但教养的力度不大；有的地方把收容教养人员放到少年犯管教所，由国家监狱机关来执行，这种做法给监狱机关带来许多不便，被收容教养人员和少年犯虽同为未成年人，但其性质不同，管教方法和处遇也就不尽相同，而且容易发生“交叉感染”；更多的地方是把不予刑事处罚的未成年人送到劳动教养场所进行收容教养，由劳动教养机关来执行，这种执行方法也欠妥，因为收容教养不具有行政处罚的性质，与劳动教养不能同日而语，如果对犯罪的未成年人也适用劳动教养，国家就没有必要再建立收容教养制度。

收容教养的执行应当体现收容教养本身所具有的强制性、教育性和保护性的特点，切实贯彻“教育、感化、挽救”的方针，创造一种不同于改造少年犯的收容教养执行模式。建设独立的“收容教养院”，将被收容教养人员与少年犯和被劳动教养人员彻底分开收容，并在名称上用国际上通行的“院”取代“所”，同时，改革现行收容教养管理模式，确立具有针对性，适合未成年人生理、心理特点的管教方法。[①] 坚持封闭式管理与社会化教

① 赖修桂、黄晓明：《保安处分在防治未成年人犯罪中的运用》，载《华东政法学院学报》2001年第1期。

育相结合，建立适应收容教养工作要求和被收容教养人员特点的教育机制，对待被收容教养人员能够真正做到“三个像”，即“像父母对待孩子一样，像医生对待病人一样，像老师对待学生一样”进行感化教育。

（二）将实际中适用较多的行政措施纳入未成年人犯罪非刑罚处置措施体系之中

1. 工读学校

指对需要接受学校教育但又不适宜留在一般学校学习的未成年犯罪人，由法院责令其入读工读学校。我国一直都有工读学校这种教育制度，在实践中取得了显著成效。但它不是一种刑事处罚，而是对未成年人进行犯罪预防的特殊教育措施，我国可以通过刑事立法，将这种特殊教育措施司法化，纳入非刑罚处置措施体系中。

工读学校的指导思想是“挽救孩子，造就人才，立足教育，科学育人”，任务是全面贯彻党的教育方针，把违法或轻微犯罪的学生，改造成为有一定科学文化知识和生产技能，遵纪守法，身体健康的劳动者。工读学校没有森严的警戒和强制的措施，除在管理上严于普通学校外，其本质与普通学校一样。我国的工读教育实行由行政教育部门主管，公安机关协管的体制。教育部门负责工读学校的教育、教学、师资、行政等日常业务工作，公安机关可选派专人参加学校的领导班子，常驻学校，进行法制教育，负责学校安全保卫工作。一般来说，工读学校的学制为 2 ~ 3 年，学习期间该校学生与普通学校学生一样，享受寒暑假和一般节假日，凡接受教育，改正错误，遵纪守法，坚持学习，文化技术考核合格者，应准予毕业。工读学校除按照国家义务教育法的要求，在课程设置上与普遍学校相同外，应当加强法制教育的内容，针对未成年人严重不良行为产生的原因及其心理和生理特点，开展矫治工作。家庭、学校、社会和工读学校的教职员都应当关心、爱护工读学校的学生，尊重他们的人格。学生在升学、就业等方面，与普通学校的毕业生享有同等的权利，任何单位不得歧视、厌弃。

我国的工读教育还没有形成符合实际需要的合理布局。全国除北京、上海、辽宁的布局基本合理外，不少省、直辖市、自治区实际只有一所或两三所工读学校，还有十个省、直辖市、自治区没有工读学校。①

当然，建立工读教育的学校一定要做好充分的思想、人力、物质上的准备。工读教育的学校所需的基建和事业费（包括职业技术教育开办费）可以由各省、自治区、直辖市人民政府统筹安排，分别纳入地方基本建设投资计划和教育事业费预算，经费标准可参照特教标准并应略高于特教标准；教职人员的津贴也应不低于特教标准。

2. 社会帮教

社会帮教，是指依靠社会各方面的力量，在一定范围内对特定的对象进行帮助教育的非处罚性的社会教育管理措施。社会帮教一般由工作单位、街道、民警、家庭、学校几方面结合建立群众性的帮教小组，实行分工负责，商定办法，采取措施，共同开展帮教活动。这个过程就是使未成年人通过家庭、学校、社会，不断学习知识，接受社会规范，适应社会生活的过程。社会帮教的特点是既帮又教，帮教结合，以帮带教，寓教于帮。帮教工作遵循帮教者与被帮教者之间相互平等、坚持说服教育为主、帮助解决实际问题与思想教育相结合的原则。社会帮教的最大优点在

① 现在，青少年违法犯罪的人数在不断增多，教育转化的机构又不健全，已有的工读学校数量还在逐步减少，这是很值得重视的问题。

于，使未成年犯在一个开放的环境中接受教育改造，这就避免了封闭改造可能导致的“交叉感染”，也不存在改造结束后复归社会不适应的问题。

长期以来，社会帮教在实际工作中运用较广泛，各地也总结出许多好的办法，如帮教小组、合同帮教、承包帮教、帮教安置协议、刑满释放人员就业中心、回归人员工作管理站和回归人员善导会等。实践证明，凡是社会帮教工作搞得好的城市，无论是帮教小组的对象，还是工读学校的学生，80% 的人都改变了恶习，遵纪守法，向好的方面转化；10% 的人成为了先进工作者、生产骨干、三好学生，跨入了先进行列，青少年犯罪率明显下降。①

我国社会帮教措施的法律依据主要依照以下两个规范性文件的规定：1983 年 4 月，公安部等七个单位联合发布的《关于做好有违法或轻微犯罪行为青少年教育工作的几点意见》规定，凡 13 岁至 28 岁的青少年，确有违法或轻微犯罪行为，但不够或不予刑事处罚、劳动教养、少年管教的，经教育没有悔改表现，仍可能继续进行违法犯罪活动，需要做好思想工作的，应当列为帮教对象。1999 年 6 月 28 日，第九届全国人民代表大会常务委员会通过的《预防未成年人犯罪法》第四十七条第一款规定：“未成年人的父母或者其他监护人和学校、城市居民委员会、农村村民委员会，对因不满十六周岁而不予刑事处罚、免予刑事处罚的未成年人，或者被判处非监禁刑罚、被判处刑罚宣告缓刑、被假释的未成年人，应当采取有效的帮教措施，协助司法机关做好对未成年人的教育、挽救工作。”

① 康树华：《论有中国特色的预防犯罪》，载《公安学刊》1999 年第 11 卷第 6 期。

可见，我国法律对社会帮教措施的规定过于简单、笼统，尚未制度化和体系化，很多问题都没有予以明确规定。各地对社会帮教措施的认识也存在着差异，在实践中适用时较为随意，这势必会影响其作用最有效地发挥。因此，有必要把社会帮教司法化，重新将其规范，作为适用于未成年人犯罪的一种非刑罚处置措施。

对于未成年人犯罪，社会帮教的适用对象应该满足以下几个条件：（1）犯罪情节轻微、够不上收容教养和社区服务刑；（2）因个人或社会条件所限不适合送工读学校；（3）家庭环境不好，父母或监护人无力管教或无心管教。

社会帮教的最长期限宜为3年，最短期限宜为6个月，由人民法院根据未成年人犯罪的不同情况决定具体的帮教期限。社会帮教的执行机关为帮教委员会。考虑到社会帮教是一种刑事制裁措施，帮教委员会应隶属于司法局，由司法工作者、社区基层组织代表及专门从事未成年人教育工作的人共同组成。帮教委员会在收到人民法院移转的被判处接受社会帮教的未成年犯罪人的材料后，根据法院确定的帮教期限，针对不同的被帮教者制订具体的帮教计划。帮教计划须报原审法院备案。两名帮教委员会成员负责帮教一名未成年犯罪人。被帮教期间，被帮教者的自由将受到一定限制，如未经帮教委员会批准不得擅自离开居住地，不得同某些人交往或进入娱乐场所等；须定期向帮教委员会汇报学习、生活情况等。执行过程中，如果被帮教者违反规定，帮教委员会可根据违反程度对被帮教者予以一定的惩罚，但违反规定的后果应事先告知被帮教者；如果被帮教者表现良好，帮教委员会也可进行适当的奖励。无论惩罚还是奖励，只要是涉及帮教期限的变动的，均须报原审法院裁决。

（三）适当增设我国未成年人犯罪非刑罚处置措施的种类

从我国未成年人犯罪司法实际情况出发，针对目前我国刑法中未成年人犯罪非刑罚处罚方法种类过少的缺陷，除进一步完善我国现行刑法中已规定的几种非刑罚方法外，可以考虑增设以下几种非刑罚处罚方法：

1. 警告

此种方式适用于违法事实确实存在，构成犯罪但可不予刑罚处罚的未成年被告人，以使处于犯罪边缘的未成年人迷途知返。

2. 担保释放

指由法院责令其父母或监护人提供一定数额的金钱做担保，免除其刑罚处罚，由其父母或监护人严加管教。其适用对象应该是犯罪情节轻微，可以不予收容教养的未成年人，且其犯罪行为的实施是因为父母或监护人的管教不力所致。如果未成年犯罪人违反规定，再次受到行政拘留以上的处理，担保金即予以没收，上缴国库。如果在规定期限内，未成年犯罪人没有违反规定，则退还保证金。这种措施可避免责令父母或监护人严加管教这种措施执行上的无力和监督上的缺位，督促父母或监护人对未成年人严加管教，具有切实的可行性。

3. 责令家长加强管教

对于因家庭环境不良、家庭教育不力而导致未成年被告人行为失控的对象，法院可以责令家长加强管理，包括学习辅导、职业训练、疾病治疗、心理康复等，并由家长在一定时期内向法院汇报管教情况。

4. 管教协助

有的未成年人走上犯罪道路与家庭管教不严有很大的关系，因此对于免除刑事处罚的未成年人，如果其家庭无力管教或者管教不当，可以由法院派辅导员对未成年人进行帮教。

5. 保护观察处分

为了给免予刑事处分的未成年被告人提供一个健康的社会成长环境，人民法院可以采用强制力，对未成年被告人的活动场所、交往活动进行一定的限制，并要求被告人定期向人民法院汇报学习、生活情况等。

6. 社区服务令（或者社区公益劳动）

社区服务令，是指由法院责令未成年犯罪人去某一指定场所，完成一定期限无偿劳动服务的书面指令。其目的是未成年犯罪人在不脱离社会，不影响其正常工作或学习的情况下，以自己的劳动来弥补犯罪对社会或被害人造成的损害。社区服务令一般被认为始于英国 1972 年的《刑事司法条例》，目前有数十个国家都在其刑事法律中适用了这一措施。[①] 我国现行法律没有关于社区服务令的规定，但是在实践中，我国有些地方的刑事司法机关已将社区服务制度应用于未成年人犯罪的案例中，如 1994 年上海市长宁区法院就推行了“社会服务令”制度，并取得了一定成效。[②] 社会服务令的性质是一种非监禁刑，与监禁刑相比，它的严厉程度要轻，因为犯罪人可以生活在社区，免受监禁之苦，有相对的人身自由，同时心理上也能免受损害；与非刑罚处置措施，如训诫、具结悔过、赔偿损失等相比，社会服务令的严厉程度要重，社会服务令强迫犯罪人通过为社区提供无偿劳动来惩戒他们的犯罪行为，要求他们用实际行动对社会进行补偿和回报。可见，社区服务令是一种宽严相济的刑罚方法，既体现了刑罚的惩戒、威慑作用，又能够达到教育和改造罪犯，预防其重新

① 谢望原：《葡萄牙刑罚制度中的社会服务刑》，载陈兴良主编：《刑事法评论》（第 7 卷），中国政法大学出版社 2000 年版，第 296 页。

② 洪波：《未成年人违法犯罪的非刑罚处置制度比较研究》，载《学海》2001 年第 2 期。

犯罪的目的。国内外司法实践也证明，社区服务令的教育改造效果较好，如美国的一些州对社区服务效果进行了调查，据一个对伊利诺伊州缓刑人员的调查表明：90%的完成社区服务判决的人是成功的。另外，在加利福尼亚州一个研究表明：与缓刑和监禁人员相比，社区服务人员并没有显示出增加重新犯罪的可能性。[①]

将社区服务令纳入我国未成年人犯罪非刑罚处置措施体系中，可以在借鉴国外经验及上海市长宁区人民法院经验的基础上，对相关问题作出以下规定：

（1）适用对象及条件

上海市长宁区人民法院采用社会服务令时，主要适用于以下四种对象：试行暂缓判决的；判处管制的；单处罚金的；判处免刑的。[②] 应该说，目前，在我国未成年人犯罪方面的刑事立法滞后、制裁体系散乱的情况下，该法院的这一规定具有合理性，值得肯定。对上述几种对象适用社区服务令时，还应当符合以下的条件：①审理时已满16周岁。因为根据我国《劳动法》的精神，为保护未成年人的身心健康，14周岁以下的未成年人不适宜从事强制性劳动。②家庭有管教条件。因为适用社区服务令时，未成年犯罪人大部分时间还是在家里生活，自由空间较大，需要其父母或监护人配合进行管教。③身体健康。因为在身体不健康的情况下从事劳动，有可能进一步损害未成年人的身体健康，显然不妥。④法定代理人支持同意。因为如果法定代理人不同意，则势必会影响未成年犯罪人对待社区服务的心理态度，从而使社区服

① 刘强编著：《美国刑事执法的理论与实践》，法律出版社2000年版，第243页。

② 《青少年犯罪问题》编辑：《就“社会服务令”访长宁法院丁寿兴院长》，载《青少年犯罪问题》2003年第4期。

务令不能产生应有的作用，不能实现教育及改造未成年犯罪人的目的。

（2）刑期

即判决未成年犯罪人参加社区服务的时间。社会服务令的期限一般可为1个月至3个月，最多不超过6个月，但不宜集中完成，可实行每周劳动2～3天、每天工作2～3小时的办法，以使未成年人在一段期间内得到经常的教育。具体时间安排可由执行机关根据情况而定。

（3）社区服务的场所

可以借鉴上海市长宁区人民法院的做法，以某些公益福利性单位作为“特殊青少年劳动教育考察基地”，如学校、敬老院、公园、医院等，然后将其作为社区服务令的服务场所。其他愿意进行帮教、接受失足少年无偿劳动的单位、社区也可以作为社会服务令的服务场所。另外，未成年犯罪人的父母或监护人也可自行选择服务场所，但必须经法院的同意。这些服务场所应符合有关条件：①提供愿意进行帮教的证明材料；②有相应的服务载体；③服务的内容要与未成年犯罪人的身心相适应；④未成年犯罪人的父母或监护人同意去该场所服务劳动；⑤服务场所有帮教组织和反馈机制；等等。

（4）社区服务的内容及监督

服务内容以体力劳动且无偿劳动为主，如进行有偿劳动，报酬收入作为捐款处置；在监督上，可与有关单位和公共场所的负责人或管理人员联系，由他们负责考核或由少年法庭的陪审员协助监督，并定期与少年法庭进行联系。

7．监管令

指法院在刑事案件的判决或暂缓判决的决定生效后，向未成年犯罪人及其监护人发出的，要求他们在一定的期限内必须遵守和履行某些限制性规定的书面指令。这种措施的适用对象和担保释放一致，一般和担保释放予以配合适用。对未成年犯罪人要求：不得游荡社会、夜不归宿；不得脱离监护人单独居住；不得吸烟、酗酒；不得进入营业性的歌舞厅、网吧等不适合未成年人进入的场所。对监护人则要求：不得让监护对象单独居住，发现擅自外出、夜不归宿的，应及时查找或向公安机关报告；在生活、交友等方面严格要求监护对象，防止其不良行为的发生；积极指导和帮助监护对象读书学习，及早就业。监管令的时间为1个月至6个月。在监管令规定的期间内，由公安机关负责对未成年人的生活行为依据监管令的内容进行监督，法院的帮教考察法官负责指导，并定期组织未成年人汇报，对他们进行考察，对违反监管令的行为进行警告。监管期限届满时，少年法庭应组织未成年人及帮教组织进行总结，评定未成年人监管表现及效果，作出书面监管结论，交有关单位备案。目前，我国司法实践中已经有法院采用了这一措施，如上海市长宁区人民法院，新疆石河子市人民法院等。

8. 强制学习服务

“强制学习服务”，即法院可以判令未成年犯罪人在一定期限内，在一定场所，每周强制学习20小时，社区服务20小时，由教师和社区管理人员对其进行监督管理。

9. 暂缓判决

目前，在一些法院进行试点尝试的“暂缓判决”是指案件起诉到法院后，先不作出判决，而是让未成年犯罪人回到原来的学习、生活环境中，观察其表现，如果表现较好，可以免予刑事处罚或者判处缓刑，否则，作出监禁刑的判决。

参考文献

1. 姚建龙主编:《中国少年司法研究综述》,中国检察出版社 2009 年版。
2. 沈德咏主编:《中国少年司法》,人民法院出版社 2009 年第 1 辑。
3. 卢琦著:《中外少年司法制度研究》,中国检察出版社 2008 年版。
4. 北京大学法律系国外法学研究室:《外国少年司法制度与日本保护青少年条例选》,北京大学出版社 1982 年版。
5. 张文学、李燕明等编著:《中国缓刑制度理论与实务》,人民法院出版社 1995 年版。
6. 柯耀程著:《刑法的思与辩》,台湾元照出版公司 2003 年版。
7. [日] 西原春夫著:《刑法的根基与哲学》,顾肖荣等译,上海三联书店 1991 年版。
8. 高铭暄主编:《刑法学原理》(第 3 卷),中国人民大学出版社 1994 年版。
9. 邱兴隆、许润章著:《刑罚学》,群众出版社 1988 年版。
10. 谢望原著:《欧陆刑罚制度与刑罚价值原理》,中国检察出版社 2004 年版。
11. 王运生、严军兴著:《英国刑事司法与替刑制度》,中国法制出版社 1999 年版。

12. [日] 大塚仁著:《刑法概说(总论)》,冯军译,中国人民大学出版社 2003 年版。
13. 马克昌主编:《近代西方刑法学说史略》,中国检察出版社 2004 年版。
14. 邱兴隆著:《关于惩罚的哲学》,法律出版社 2000 年版。
15. 包雯、李玉华等著:《21 世纪刑罚价值取向研究》,知识产权出版社 2006 年版。
16. 曲新久著:《刑法的精神与范畴》,中国政法大学出版社 2000 年版。
17. 康树华主编:《预防未成年人犯罪及法制教育全书》(下卷),西苑出版社 1999 年版。
18. 马登民、徐安住著:《财产刑研究》,中国检察出版社 1999 年版。
19. 赵秉志著:《犯罪主体论》,中国人民大学出版社 1989 年版。
20. 薛瑞麟著:《俄罗斯刑法研究》,中国政法大学出版社 2000 年版。
21. 高铭暄主编:《刑法专论》(上编),高等教育出版社 2002 年版。
22. 张鸿巍著:《少年司法通论》,人民出版社 2008 年版。
23. 关颖、鞠青主编:《全国未成年犯抽样调查分析报告》,群众出版社 2005 年版。
24. 王炳宽著:《缓刑研究》,法律出版社 2008 年版。
25. Peter C Kratcoski & Dunn Kratcoski 著:《青少年犯罪行为分析与矫治》,叶希善等译,中国轻工业出版社 2009 年版。
26. 刘强主编:《社区矫正理论与实务研究文集》,中国人民公安大学出版社 2009 年版。

27. ［美］玛格丽特·K. 罗森海姆等编：《少年司法的一个世纪》，高维俭译，商务印书馆 2008 年版。
28. 刘强编著：《美国刑事执法的理论与实践》，法律出版社 2000 年版。
29. 赵秉志主编：《新刑法教程》，中国人民大学出版社 1997 年版。
30. ［日］大谷实著：《刑事政策学》，黎宏译，法律出版社 2000 年版。
31. 赵秉志、姚建龙：《废除死刑之门——未成年人不判死刑原则及其在中国的确立与延伸》，载《河北法学》2008 年第 2 期。
32. 高铭暄、张杰：《中国刑法中未成年人犯罪处罚措施的完善——基于国际人权法视角的考察》，载《法学论坛》2008 年第 1 期。
33. 李少平：《对少年犯适用刑法初探》，载《现代法学》1991 年第 3 期。
34. 吴作群等：《少年刑事犯罪案件中社会调查员制度的构想与实践》，载《人民司法》2003 年第 11 期。
35. 彭武军：《未成年犯能否适用财产刑》，载《人民法院报》2002 年 3 月 4 日理论专版。
36. 熊选国：《论罚金刑的立法完善》，载《政治与法律》1989 年第 4 期。
37. 洪波：《未成年人违法犯罪的非刑罚处置制度比较研究》，载《学海》2001 年第 2 期。
38. 杨宇冠、崔巍：《从国际规定看未成年人犯罪记录消灭制度》，载《检察日报》2009 年 7 月 7 日第 3 版。
39. 堪洪果：《法律实证主义的功利主义自由观：从边沁到哈

特》，载《西北政法学院学报》2006 年第 4 期。
40. 姚建龙：《未成年人犯罪非监禁化理念与实现》，载《政法学刊》2004 年第 5 期。
41. 尚秀云：《我亲历的少年司法之路》，载沈德咏主编：《中国少年司法》（总第 1 辑），人民法院出版社 2009 年版。
42. 吴宗宪、陈志海、叶旦声、马晓东著：《非监禁刑研究》，中国人民公安大学出版社 2003 年版。
43. 逄锦温：《边沁的功利主义刑罚观探析》，载《法学评论》1998 年第 6 期。
44. 崔爱鹏：《李斯特刑法思想初探》，载《辽宁教育行政学院学报》2006 年第 3 期。
45. 段宝平：《不定期刑探讨》，载《中国刑事法杂志》2001 年第 4 期。

图书在版编目（CIP）数据

未成年人违法犯罪处置措施研究/赵志宏著，北京：群众出版社，2011.9

ISBN 978－7－5014－4759－6

Ⅰ.①未… Ⅱ.①赵… Ⅲ.①青少年犯罪—处罚—研究—中国 Ⅳ.①D669.5

中国版本图书馆 CIP 数据核字（2011）第 190080 号

未成年人违法犯罪处置措施研究

赵志宏 著

出版发行：群众出版社
地　　址：北京市西城区木樨地南里
邮政编码：100038
经　　销：新华书店
印　　刷：北京蓝空印刷厂

版　　次：2011 年 9 月第 1 版
印　　次：2011 年 9 月第 1 次
印　　张：7.25
开　　本：880 毫米×1230 毫米　1/32
字　　数：174 千字

书　　号：ISBN 978－7－5014－4759－6
定　　价：22.00 元

网　　址：www.qzcbs.com
电子邮箱：qzcbs@163.com

营销中心电话：010－83903254
读者服务部电话（门市）：010－83903257
警官读者俱乐部电话（网购、邮购）：010－83903253
法律图书分社电话：010－83905745